# 大数据环境下的审计策略与技术

刘晓敏 ◎ 著

中国商业出版社

**图书在版编目（CIP）数据**

大数据环境下的审计策略与技术 / 刘晓敏著.

北京 ： 中国商业出版社，2024. 10. -- ISBN 978-7
-5208-3166-6

Ⅰ. F239-39

中国国家版本馆CIP数据核字第202491CA59号

责任编辑：李　飞

（策划编辑：蔡　凯）

中国商业出版社出版发行

（www.zgsycb.com　100053　北京广安门内报国寺 1 号）

总编室 :010-63180647　编辑室 :010-83114579

发行部 :010-83120835/8286

新华书店经销

安徽中皖佰朗印务有限公司印刷

787 毫米 ×1092 毫米　　16 开　　10.5 印张　　200 千字

2024 年 10 月 第 1 版　　2024 年 10 月 第 1 次印刷

定价：68. 00 元

＊ ＊ ＊ ＊

（如有印装质量问题可更换）

# 前 言/preface

　　随着科技的进步，无论是在生活中还是在工作中，运用大数据对社会资源进行数据化和网络化改造的现象随处可见，大数据正在成为互联网价值的重要体现。同时，随着大数据技术的成熟，其应用领域也在不断拓展。可以说，在大数据和互联网时代，大数据的价值正在逐步凸显。

　　本书开篇即对审计的宏观图景进行概览，奠定理论与实践的基础，继而深入剖析大数据审计的核心要义，揭示其对传统审计模式的颠覆与重构。我们关注大数据环境对审计人员技能需求的影响，强调持续学习与专业成长的重要性，倡导审计团队拥抱变革，掌握数据分析与智能工具，以适应日益复杂的数据挑战。当前，审计质量控制已成为大数据时代不可忽视的议题，本书强调了建立健全的内部控制框架，利用大数据分析提高审计效率与准确性，减少人为错误，提升审计报告的可靠度。技术创新是驱动大数据审计前进的引擎，我们审视新兴技术在审计领域的应用前景，鼓励审计机构积极采纳先进技术，实现审计作业的智能化与自动化，从而开辟审计效能的新纪元。本书致力于构建大数据环境下的审计知识体系，旨在促进审计行业适应数字化转型，把握未来趋势，为审计人员提供应对复杂数据环境的策略与技术支撑，推动审计工作迈向更加高效、精准与可信的新阶段。

　　本书参考了大量的文献资料，借鉴、引用了诸多专家、学者和教师的研究成果，在此向相关著作和文献的作者表示诚挚的感谢。由于能力有限，时间仓促，虽极力丰富本书内容，并进行了多次修改，力求著作的完美无瑕，仍难免有不妥与遗漏之处，恳请专家和读者指正。

# 目 录/contents

# 第一章 审计综述

## 第一节 审计概述

### 一、审计的概念

对于什么是审计，目前在审计界并没有统一的概念。一般认为，审计是由独立的专职机构或人员接受委托或根据授权，按照法规和一定的标准，对被审计单位特定时期的财务报表和其他有关资料及其所反映的经济活动的真实性、合法性、合规性、公允性和效益性进行审查，并发表意见的一种具有独立性的经济监督、鉴证和评价活动。

世界各国的审计界都对审计概念进行了深入的研究，最具代表性的是美国会计学会（American Accounting Association，AAA）审计基本概念委员会发表的《基本审计概念说明》，该说明考虑了审计的过程和目标，将审计定义为："审计是一个系统化过程，即通过客观地获取和评价有关经济活动与经济事项认定的证据，以证实这些认定与既定标准的符合程度，并将结果传达给有关使用者。"《中华人民共和国审计法实施条例》提出的审计概念是："审计是指审计机关依法独立检查被审计单位的会计凭证、会计账簿、财务会计报告以及其他与财政收支、财务收支有关的资料和资产，监督财政收支、财务收支真实、合法和效益的行为。"

### 二、审计的性质

审计的性质即审计的本质特征，是审计区别于其他工作的根本属性。审计是一种经济监督活动，与国家其他宏观经济管理部门一起，共同构成我国社会主义市场经济条件下的经济监督体系。但审计监督与其他经济监督有着本质的区别，其本质特征集中体现在独立性和权威性两方面。

#### （一）独立性

独立性是审计的重要特征。审计的独立性是保证审计工作顺利进行的必要条件。正因为审计具有独立性，才能保证审计人员依法进行的经济监督活动客观公正，审计结果才受到社会的信任。因而，审计的独立性表现在以下三个方面。

1. 机构独立

审计机构必须是独立的专职机构，应当独立于被审计单位之外，与被审计单位没有任何组织上的行政隶属关系，且不能受制于其他部门和单位，这样才能确保审计机构独立地行使审计监督权，对被审计事项作出客观公正的评价和鉴证。

### 2. 精神独立

审计人员执行审计业务，要保持精神上的独立，坚持客观公正、实事求是的精神，不受任何部门、单位和个人的干涉，独立地对被审查事项作出公允、合理的评价和结论。

### 3. 经济独立

审计机构或组织从事审计业务活动必须有一定的经费来源或经济收入，以保证其生存和发展所需。经济独立要求审计机构或组织的经济来源要有一定的法律、法规做保证，不受被审计单位的制约。即使是民间审计组织，也规定其除了正常的业务收费外，不允许与被审计单位有其他经济依附关系。

由此可见，审计监督不同于其他宏观经济管理部门的经济监督，审计是具有独立性的经济监督活动。审计工作本身一般不与其他专职业务相连，它既可以从宏观的高度对财政、金融、各级政府等部门的经济活动进行监督，也可以从微观的角度对具体的经营者进行检查监督，因此是一种专门的经济监督活动，具有最充分的独立性。

2022年1月1日施行的新《中华人民共和国审计法》（以下简称《审计法》）第十四条规定："审计机关和审计人员不得参加可能影响其依法独立履行审计监督职责的活动，不得干预、插手被审计单位及其相关单位的正常生产经营和管理活动。"《中华人民共和国注册会计师法》（以下简称《注册会计师法》）第六条规定："注册会计师和会计师事务所依法独立、公正执行业务，受法律保护。"

### （二）权威性

审计组织的权威性是与审计组织的独立性相关的。审计组织的权威性是审计监督正常发挥作用的重要保证。审计组织的权威性由以下两个方面决定。

### 1. 审计组织的地位和权力由法律明确规定

为了有效保证审计组织独立地行使审计监督权，各国法律对实行审计制度、建立审计机关以及审计机构的地位和权力都作出了明确规定。这样就使审计组织在地位和权力上的权威性在法律上得到了体现。例如，我国的《宪法》《审计法》《注册会计师法》等对政府审计机关、民间审计组织的设立、职权范围都做出了明确规定，我国的内部审计机构也是根据有关法律设置的，这些都充分体现了审计组织的法定地位和权威性。

### 2. 审计人员依法执行职务，受法律保护

法律规定，审计人员依法执行职务时，任何组织和个人不得拒绝、阻碍，不得打击报复审计人员；审计组织或人员以独立于企业所有者和经营者的"第三者"身份进行工作，且取得审计人员资格必须通过国家统一规定的严格考试，因而审计人员具有较高的专业知识，这就保证了其所从事的审计工作具有准确性、科学性。正因如此，审计人员的审计报告具有一定的社会权威性。

## 三、审计目标

审计目标是指在一定历史环境下，人们通过审计实践活动所期望达到的境地或最终

结果。它是指导审计工作的指南。审计目标的确定，除受审计对象的制约外，还取决于审计的性质、审计职能和审计委托人对审计工作的要求。不同种类的审计，其审计目标是不相同的，如财务报表审计目标与经济效益审计目标就有所不同。审计目标概括起来，就是指审查和评价审计对象的真实性和公允性、合法性和合规性、合理性和效益性。

### （一）真实性和公允性

审计的首要目标是审查和评价反映被审计单位财务收支及其有关经营活动的财务报表及其他有关资料的真实性和公允性。审查财务报表及其他有关资料的目的在于评价会计数据与其他相关经济数据的真实性和公允性，判明财务报表是否如实、公允地反映了被审计单位的财务状况、经营成果和现金流量，其记录和计算是否准确无误，有无夸大业绩和资产、隐瞒亏损和债务等情况，从而发现问题，并提出纠正的意见和建议。政府审计和内部审计侧重于审查真实性，而民间审计则侧重于审查公允性。

### （二）合法性和合规性

审查及评价被审计单位财务收支及其有关经营活动的合法性和合规性是审计目标之一。审查被审计单位财务收支及其有关经营活动的目的在于评价被审计单位的财务收支及其有关经营活动是否符合国家的法律、法规，会计处理方法和财务报表编报是否符合会计准则及相关会计制度的规定，揭露和查处违法、违规行为，保护各方面资财的安全完整，保证审计委托人的利益不受侵犯，促进被审计单位和整个国民经济健康发展。

### （三）合理性和效益性

审查及评价被审计单位财务收支及其有关经营活动的合理性和效益性也是审计目标之一。审查被审计单位财务收支及其有关经营活动的合理性的目的在于评价被审计单位的经营活动是否正常，是否符合事物发展的常理，是否符合企业经营管理的原则和要求。审查被审计单位财务收支及其有关经营活动的效益性的目的在于评价被审计单位的经营活动和资源利用是否讲究效率，经营活动有无经济效益，经营目标、决策、计划方案是否可行、是否讲求效果，并找出存在的不足及其原因，提出建设性的意见，促使被审计单位进一步改善经营管理，提高经济效益。

## 四、审计对象

审计对象是指审计监督的范围和内容。通常把审计对象概括为被审计单位的财务收支及其有关的经营管理活动。其中，被审计单位是审计的客体，也是审计的范围；财务收支及其经营管理活动即审计的内容。具体地说，审计对象包括以下两个方面的内容。

### （一）被审计单位的财务收支及其有关的经营管理活动

无论是传统审计还是现代审计，无论是政府审计还是内部审计、民间审计，都要求以被审计单位客观存在的财务收支及其有关的经营管理活动为审计对象，对其是否公允、合法、合规及其效益情况进行审查和评价，以便对被审计单位所承担的受托经济责任是否得到认真履行进行确定、解除和监督。根据《中华人民共和国宪法》（以下简称《宪法》）

规定，政府审计的对象为国务院各部门和地方各级政府的财政收支、国家的财政金融机构和企业事业组织的财务收支。内部审计的对象为本部门、本单位的财务收支以及其他有关的经济活动。民间审计的对象为委托人指定的被审计单位的财务收支及其有关的经营管理活动。

### （二）被审计单位的会计资料和其他有关资料

被审计单位的财务收支及其有关的经营管理活动需要通过会计资料和其他有关资料等信息载体反映出来。因此，审计对象还包括记载和反映被审计单位的财务收支，提供会计信息载体的会计凭证、会计账簿、财务报表等会计资料以及相关的计划、预算、经济合同等其他资料。提供被审计单位经营管理活动信息的载体，除上述会计、计划统计等资料以外，还有经营目标、预测、决策方案、经济活动分析资料、技术资料等其他资料，电子计算机的磁盘、光盘和进入网络系统的会计资料等信息载体。以上都是审计的具体对象。

综上所述，审计对象是指被审计单位的财务收支及其有关的经营管理活动，以及作为提供这些经营管理活动信息载体的会计资料和其他有关资料。会计资料和其他有关资料是审计对象的形式，其所反映的被审计单位的财务收支及其有关的经营管理活动才是审计对象的本质。

## 五、审计职能

审计职能是指审计本身所固有的、体现审计本质属性的内在功能。审计职能并不是一成不变的，它是随着社会经济的发展对审计需要的变化而不断发展变化的。目前在国内审计理论界对审计职能有不同的看法，影响较大的是三职能论，即审计具有经济监督、经济鉴证和经济评价三种职能，其中经济监督是基本职能，经济鉴证和经济评价是以经济监督为基础而派生出的职能。

### （一）经济监督

监督是指监察和督促。经济监督是指有制约力的单位或机构监察和督促其他经济单位的经济活动符合一定的标准与要求，在规定的范围内沿正常轨道合理运行。

经济监督是审计最基本的职能。纵观审计产生和发展的历史，审计无不表现为经济监督的活动，履行着经济监督的职能。从政府审计来看，其审计活动就是国家各级政府对所属单位经济活动的综合监督。具体来说，就是对国家的财政收支和国有企业、事业单位的财政、财务收支及其相关的经营管理活动的真实性、合法性、合规性进行监督，并通过审查揭示错弊，督促被审计单位遵守国家的法律、法规，履行经济责任，使经济活动更加合法、有效。从内部审计来看，内部审计的主要职责同样是依照法规、内部经营目标和管理规定，对本部门、本单位的经济活动进行监察和督促，以保证对内部单位的有效管理，完成既定的管理目标。从民间审计来看，其也是代理审计委托者对被审计单位财务收支的合法性和公允性进行审查验证，纠正被审计单位在会计记录、经营管理方面的弊端和不足，从而实现对被审计单位的经济监督。审计监督可以严肃财经纪律，维护国家、人民和股东的利益，可以保证企业、事业单位经济活动的合法性。

### （二）经济鉴证

鉴证是指鉴定和证明。经济鉴证是指通过对被审计单位的财务报表及其他相关资料的审核和验证，证实被审计单位记载经济活动的有关资料是否合法和公允，并按审查结果向审计委托人出具书面报告，以取得审计委托人或社会公众的信任。

经济鉴证职能是随着现代审计的发展而出现的一项职能，它不断受到人们的重视，日益强化，并显示其重要作用。不少国家的法律明文规定，企业的财务报表必须经过注册会计师的审查鉴证后，才可向财务报表的使用者及社会公众公布。随着社会主义市场经济的逐步确立，我国民间审计的经济鉴证职能也在不断发展与健全，表现为各类企业的财务报表必须经中国注册会计师审计并出具审计报告后，才可对外报出。因此，审计的经济鉴证职能在我国社会主义市场经济中将发挥越来越重要的作用。

### （三）经济评价

经济评价就是通过审查验证，对被审计单位经营决策、计划、预算是否切实可行，经济活动及其结果是否完成了预定的目标，内部控制制度是否健全、有效等进行评定，从而有针对性地提出意见和建议，以促进其改善经营管理，提高经济效益。

在现代审计中，经济评价的职能更加重要。这是因为，经济监督的目的是保证经济活动的合法、有效，而经济评价则可在经济监督的基础上对被审计单位取得的成就、存在的不足给予更为深刻的揭示和说明，从而有助于被审计单位改进工作，进一步提高管理水平、经济效益。经济评价职能既突出地表现在政府审计的经济效益审计和内部审计的经营管理审计之中，也表现在民间审计对被审计单位内部控制的管理建议书中。

应该说明的是，不同的审计组织形式在审计职能的体现上侧重点有所不同，政府审计和内部审计侧重于经济监督和经济评价，而民间审计则更侧重于经济鉴证。

## 六、审计作用

作用是指对某些事项产生的影响和效果。审计作用与审计职能紧密相连，是履行审计职能、实现审计目标过程中所产生的社会效果。审计主要有制约性和促进性两大作用。

### （一）制约性作用

制约性作用是指在通过对被审计单位的财务收支及其有关的经营管理活动进行审核检查、监督和鉴证，确保财经法规和财务制度得到遵守与执行方面所起到的防护和制约作用。

在市场经济条件下，被审计单位报出的各种信息资料真实、正确、可靠与否，与国家、企业、投资人和债权人的经济利益直接相关。审计依其独立的身份对被审计单位报出的财务报表等资料进行审核、验证，可揭露各种错误与舞弊行为，以确保被审计单位对国家法律与法规、计划和预算的贯彻执行，以及报出的会计资料及其他资料的真实、可靠。

这也是审计应发挥的最基本的作用。定期的和经常的审计制度，可以对违法、违纪行为形成制约和威慑，从而对维护国家财经法纪、保护所有者的权益、保证会计资料的正确和可靠起到制约性作用。

### （二）促进性作用

促进性作用是指通过对被审计单位的经营管理活动和经营管理制度进行审查与评价，对被审计单位完善其内部控制制度、改善经营管理和提高经济效益起到建设性的促进作用。

通过对被审计单位经营管理活动及经营管理制度的审查和评价，确定其取得的成绩，并总结经验，提出进一步奋斗的方向；揭示经营管理中存在的问题和管理制度上的薄弱环节，提出改进建议，促进其改善经营管理。通过对被审计单位经营管理活动所实现的经济效益进行审查和评价，揭示经营管理活动效益低下的环节，并深入分析原因，提出改进意见和建议，从而促使被审计单位改进生产和经营管理工作，提高经济效益。

## 第二节　我国审计的组织形式

### 一、政府审计机关

#### （一）政府审计机关及其人员

政府审计机关是代表政府依法行使审计监督权的行政机关，具有宪法赋予的独立性和权威性。现行《宪法》规定："国务院设立审计机关，对国务院各部门和地方各级政府的财政收支，对国家的财政金融机构和企事业组织的财务收支，进行审计监督。审计机关在国务院总理领导下，依照法律规定独立行使审计监督权，不受其他行政机关、社会团体和个人的干涉。"

政府审计机关实行统一领导、分级负责的原则。国务院设审计署，在国务院总理领导下，负责组织领导全国的审计工作，对国务院负责并报告工作。审计署设审计长一人，副审计长若干人。审计长由国务院总理提名，全国人民代表大会决定，国家主席任命。副审计长由国务院任命。

县级以上地方人民政府设立审计机关。地方各级审计机关分别在省长、自治区主席、市长、州长、县长、区长和上一级审计机关的领导下，组织领导本行政区的审计工作，负责领导本级审计机关审计范围内的审计事项，对上一级审计机关和本级人民政府负责并报告工作。地方各级审计机关负责人的任免，应当事先征求上一级审计机关的意见。

审计署根据工作需要，可以在重点地区、部门设立派出机构，进行审计监督。审计署向重点地区、城市和计划单列市派出的代表人员，在该地区和城市组成审计特派员办事处，代表审计署执行审计业务，监督某些地方审计局难以监督的审计项目。

审计署根据工作需要，可以在国务院各部委设立派出机构，进行审计监督。

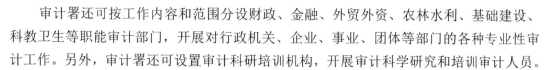

审计署还可按工作内容和范围分设财政、金融、外贸外资、农林水利、基础建设、科教卫生等职能审计部门，开展对行政机关、企业、事业、团体等部门的各种专业性审计工作。另外，审计署还可设置审计科研培训机构，开展审计科学研究和培训审计人员。

审计署对地方各级审计机关（包括审计特派员办事处）实行业务上的领导，主要包括以下六个方面：

（1）地方各级审计机关对本级人民政府和上一级审计机关负责并报告工作，审计业务以上级审计机关领导为主。

（2）审计署根据国家方针、政策做出的审计工作决定和颁发的审计规章，地方各级审计机关要遵照执行。

（3）审计署制订的工作计划，组织的全国性行业审计、专项审计，交办和委托办理的审计任务，地方各级审计机关要认真办理。

（4）各省、自治区、直辖市和计划单列市审计局的审计工作情况，查出的重要违纪问题以及其他有关文件资料，应及时向审计署报告和提供。

（5）审计署有权纠正地方审计机关作出的不适当的审计结论和处理决定。

（6）地方审计机关在审计监督中，对涉及中央财政收支的审计项目以及办理审计署委托的审计项目所作出的审计结论、处理决定，必须报审计署备案，重大的必须报经审计署同意。

**（二）政府审计机关的职责权限**

**1. 政府审计机关的主要职责**

中央审计委员会第一次会议强调，政府审计的定位是"党和国家监督体系的重要组成部分"，要求审计机关自觉在思想和行动上与党中央保持一致，拓展审计监督的广度和深度，消除监督盲区，加大对党中央重大政策措施贯彻落实情况的跟踪审计力度，加大对经济社会运行中各类风险隐患的揭示力度，加大对重点民生资金和项目的审计力度。

政府审计机关应按有关法律法规规定的审计客体的范围，对各单位的下列事项进行审计监督：

（1）审计机关对本级各部门（含直属单位）和下级政府的预算执行情况、决算草案以及其他财政收支情况，进行审计监督。

（2）审计署在国务院总理的领导下，对中央预算执行情况、决算草案以及其他财政收支情况进行审计监督，向国务院总理提出审计结果报告。地方各级审计机关分别在省长、自治区主席、市长、州长、县长、区长和上一级审计机关的领导下，对本级预算执行情况、决算草案以及其他财政收支情况进行审计监督，向本级人民政府和上一级审计机关提出审计结果报告。

（3）审计署对中央银行的财务收支，进行审计监督。

（4）审计机关对国家的事业组织以及使用财政资金的其他事业组织的财务收支，进行审计监督。

（5）审计机关对国有企业、国有金融机构和国有资本占控股地位或者主导地位的企业、金融机构的资产、负债、损益以及其他财务收支情况，进行审计监督。遇到涉及国家财政金融重大利益情形，为维护国家经济安全，经国务院批准，审计署可以对前面规定以外的金融机构进行专项审计调查或审计。

（6）审计机关对政府投资和以政府投资为主的建设项目的预算执行情况与决算草案，对其他关系国家利益和公共利益的重大公共工程项目的资金管理使用与建设运营情况，进行审计监督。

（7）审计机关对国有资源、国有资产，进行审计监督。审计机关对政府部门管理的和其他单位受政府委托管理的社会保险基金、全国社会保障基金、社会捐赠资金以及其他公共资金的财务收支，进行审计监督。

（8）审计机关对国际组织和外国政府援助、贷款项目的财务收支，进行审计监督。

（9）根据经批准的审计项目计划安排，审计机关可以对被审计单位贯彻落实国家重大经济社会政策措施情况进行审计监督。

（10）除《审计法》规定的审计事项外，审计机关对其他法律、行政法规规定的应当由审计机关进行审计的事项，依照《审计法》和有关法律、行政法规的规定进行审计监督。

（11）审计机关有权对与国家财政收支有关的特定事项，向有关地方、部门、单位进行专项审计调查，并向本级人民政府和上一级审计机关报告审计调查结果。

（12）审计机关根据被审计单位的财政、财务隶属关系或者国有资产监督管理关系，确定审计管辖范围。

（13）依法属于审计机关审计监督对象的单位，应当按照国家有关规定建立健全内部审计制度，其内部审计工作应当接受审计机关的业务指导和监督。

（14）社会审计机构审计的单位依法属于被审计单位的，审计机关按照国务院的规定，有权对该社会审计机构出具的相关审计报告进行核查。

2. 政府审计机关的权限

（1）审计机关有权要求被审计单位按照审计机关的规定提供财务、会计资料以及与财政收支、财务收支有关的业务、管理等资料，包括电子数据和有关文档。被审计单位不得拒绝、拖延、谎报。被审计单位负责人应当对本单位提供资料的及时性、真实性和完整性负责。审计机关对取得的电子数据等资料进行综合分析，需要向被审计单位核实有关情况的，被审计单位应当予以配合。

（2）国家政务信息系统和数据共享平台应当按照规定向审计机关开放。审计机关通过国家政务信息系统和数据共享平台取得的电子数据等资料能够满足需要的，不得要求被审计单位重复提供。

（3）审计机关进行审计时，有权检查被审计单位的财务、会计资料以及与财政收支、财务收支有关的业务、管理等资料和资产，有权检查被审计单位信息系统的安全性、可靠性、经济性，被审计单位不得拒绝。

（4）审计机关进行审计时，有权就审计事项的有关问题向有关单位和个人进行调查，并取得有关证明材料。有关单位和个人应当支持、协助审计机关工作，如实向审计机关反映情况，提供有关证明材料。

（5）审计机关进行审计时，被审计单位不得转移、隐匿、篡改、毁弃财务、会计资料以及与财政收支、财务收支有关的业务、管理等资料，不得转移、隐匿所持有的违反国家规定取得的资产。审计机关对被审计单位违反前面规定的行为，有权予以制止；必要时，经县级以上人民政府审计机关负责人批准，有权封存有关资料和违反国家规定取得的资产；对其中在金融机构的有关存款需要予以冻结的，应当向人民法院提出申请。

审计机关对被审计单位正在进行的违反国家规定的财政收支、财务收支行为，有权予以制止；制止无效的，经县级以上审计机关负责人批准，通知财政部门和有关主管部门暂停拨付与违反国家规定的财政收支、财务收支行为直接有关的款项，已经拨付的，暂停使用。审计机关采取上述两个规定的措施不得影响被审计单位合法的业务活动和生产经营活动。

（6）审计机关认为被审计单位所执行的上级主管部门有关财政收支、财务收支的规定与法律、行政法规相抵触的，应当建议有关主管部门纠正；有关主管部门不予纠正的，审计机关应该提请有权处理的机关依法处理。

（7）审计机关可以向政府有关部门通报或者向社会公布审计结果。审计机关公布或者通报审计结果时，应当保守国家秘密、工作秘密、商业秘密、个人隐私和个人信息，遵守法律、行政法规和国务院的有关规定。

（8）审计机关履行审计监督职责，可以提请公安、财政、自然资源、生态环境、海关、税务、市场监督管理等机关予以协助。有关机关应当依法予以配合。

## 二、民间审计组织

### （一）民间审计组织及人员

民间审计也称注册会计师审计或者独立审计，是商品经济发展到一定阶段的必然产物。只要商品经济发展到一定阶段，公司中存在所有权与经营权分离，存在不同利益的集团和阶层，民间审计就有存在和发展的必要。我国民间审计的振兴，始于1980年注册会计师制度的恢复和重建。在我国，民间审计组织是指会计师事务所，民间审计人员是指注册会计师。目前，无论从会计师事务所的数量上看，还是从注册会计师的数量上看，我国民间审计都得到了飞速的发展。

#### 1. 会计师事务所

会计师事务所是指经国家批准、注册登记，依法独立承办审计业务和会计咨询业务的单位。会计师事务所由注册会计师组成，是其承办法定业务的工作机构。它不是国家机关的职能部门，经济上也不依赖国家或其他任何单位。

会计师事务所实行自收自支、独立核算、依法纳税，具有法人资格。但合伙设立和特殊普通合伙设立的会计师事务所不具有法人资格。注册会计师必须加入会计师事务所才能承办业务。按规定，成立会计师事务所应报经财政部或省级财政厅（局）审查批准，并向当地工商行政管理机关办理登记，领取执照后，方能开业。注册会计师和会计师事务所的行业管理机关，在全国为财政部，在各地区为省、自治区、直辖市财政厅（局）。注册会计师职业实行行业自律，成立了行业组织。全国性的注册会计师行业组织为中国注册会计师协会。

2. 注册会计师

在我国，取得执业注册会计师资格主要通过考试和考核实际工作经验年限两个方面来确定。

根据《注册会计师法》及《注册会计师全国统一考试办法》的规定，具有下列条件之一的中国公民，可报名参加考试：①具有高等专科以上学历；②具有会计或者相关专业（指审计、统计、经济）中级以上专业技术职称。

目前，注册会计师资格考试分为两个阶段：第一个阶段为专业考试，考试科目有会计、审计、财务成本管理、经济法、税法和公司战略与风险管理；第二个阶段为综合考试。专业考试和综合考试每年进行一次。专业考试部分科目合格者，取得由全国注册会计师考试委员会统一印制的单科合格证明，其合格成绩在取得单科合格证明后的5年内有效。专业考试全科合格成绩长期有效。专业考试全科合格者可以参加综合考试。综合考试合格者取得由全国注册会计师考试委员会统一印制的全科合格证书。取得全科合格证书者，可申请成为中国注册会计师协会非执业会员；具有两年以上实际工作经验者，可申请注册成为执业注册会计师。

在我国，注册会计师考试合格者只能取得成为注册会计师的资格，只有加入会计师事务所，从事审计业务工作两年以上，并具备相应的业务能力，才能准予注册成为执业注册会计师。所以，经注册会计师考试合格的人员，应由其申请加入的会计师事务所报财政部或省级财政厅（局）批准注册。经批准注册的注册会计师，由财政部统一制发注册会计师证书。

3. 中国注册会计师协会

中国注册会计师协会是在财政部领导下，经政府批准成立的注册会计师的职业组织。一方面，它对会计师事务所和注册会计师进行自我教育和自我管理；另一方面，它又是联系政府机关和会计师事务所、注册会计师的桥梁与纽带。中国注册会计师协会作为一个独立的社会团体，对外发展与国际会计职业组织之间的相互交往，为我国注册会计师步入国际舞台发挥重要作用；对内拟订会计师事务所管理制度和注册会计师专业标准，组织注册会计师业务培训和考试等方面的工作。

中国注册会计师协会的宗旨：服务、监督、管理、协调。其为注册会计师、会计师事务所和审计事务所（以下简称事务所）服务，为社会主义市场经济服务；监督注册会计师和事务所执业质量、执业道德；依法管理注册会计师行业；协调行业内、外部关系，维护注册会计师和事务所的合法权益。

中国注册会计师协会的最高权力机构是全国会员代表大会，凡重大事项，必须经全国会员代表大会讨论决定。协会执行机构为理事会，理事会由全国会员代表大会选举出的若干名理事组成。协会的常设办事机构为秘书处，由秘书长、副秘书长若干人并配备必要数量的专职人员组成。

### （二）会计师事务所的组织形式

会计师事务所是注册会计师依法承办业务的组织。纵观注册会计师行业在各国的发展，会计师事务所主要有独资、普通合伙、有限责任公司、有限责任合伙等组织形式。我国会计师事务所主要有普通合伙、有限责任公司和特殊普通合伙等组织形式。

#### 1. 独资会计师事务所

独资会计师事务所由具有注册会计师执业资格的个人独立开业，承担无限责任。它的优点是：对执业人员的需求不多，容易设立，执业灵活，能够在代理记账、代理纳税等方面很好地满足小型企业对注册会计师服务的需求。其虽承担无限责任，但实际发生风险的程度相对较低。它的缺点是：无力承担大中型公司的鉴证业务和咨询业务，缺乏发展后劲。

#### 2. 普通合伙会计师事务所

普通合伙会计师事务所是由两位或两位以上注册会计师组成的合伙组织，合伙人以各自的财产对会计师事务所的债务承担无限连带责任。它的优点是：在风险牵制和共同利益的驱动下，会计师事务所强化专业发展，扩大规模，提高规避风险的能力。它的缺点是：建立一个跨地区、跨国界的大型会计师事务所要经历一个漫长的过程，同时，任何一个合伙人执业中的错误与舞弊行为，都可能给整个会计师事务所带来灭顶之灾，甚至一夜之间土崩瓦解。

#### 3. 有限责任公司会计师事务所

有限责任公司会计师事务所是由注册会计师认购会计师事务所股份，并以其所认购的股份对会计师事务所承担有限责任。会计师事务所以其全部资产对其债务承担有限责任。它的优点是：可以通过公司制形式迅速聚集一批注册会计师，建立规模较大的会计师事务所，承办大中型公司的鉴证业务和咨询业务。它的缺点是：降低了风险责任对执业行为的高度制约，弱化了注册会计师的个人责任。

#### 4. 有限责任合伙会计师事务所

有限责任合伙会计师事务所是会计师事务所以全部资产对其债务承担有限责任，各合伙人对个人执业行为承担无限责任。它的最大特点在于，既融入了普通合伙和有限责任公司会计师事务所的优点，又摒弃了它们的不足。这种组织形式是为顺应经济发展对注册会计师行业的要求，于20世纪90年代初期兴起的。到20世纪末，原六大国际会计师事务所在美国的执业机构已完成了向有限责任合伙的转型，在其他国家和地区的执业机构的转型也基本完成。同时，在它们的主导下，许多国家和地区的大中型会计师事务所也陆续开始转型。有限责任合伙会计师事务所已成为当前的发展趋势。

### 5. 特殊普通合伙会计师事务所

我国现行的特殊普通合伙会计师事务所，在性质上相当于西方国家的有限责任合伙会计师事务所。财政部和国家工商行政管理总局制定的《关于推动大中型会计师事务所采用特殊普通合伙组织形式的暂行规定》发布。该暂行规定指出：采用特殊普通合伙组织形式的会计师事务所，一个合伙人或者数个合伙人在执业活动中因故意或者重大过失造成合伙企业债务的，应当承担无限责任或者无限连带责任，其他合伙人以其在合伙企业中的财产份额为限承担责任。合伙人在执业活动中非因故意或者非重大过失造成的合伙企业债务以及合伙企业的其他债务，由全体合伙人承担无限连带责任。

### 6. 国际四大会计师事务所

在会计师事务所前冠以"国际"两字，主要原因是：①这些会计师事务所为世界上大部分跨国公司提供以审计业务为主的专业服务；②这些会计师事务所雇用的注册会计师来自各个国家；③这些会计师事务所被认为是除跨国公司以外的另一支重要经济力量。

国际会计师事务所是世界先进会计师事务所的典型代表。这些国际会计师事务所也是由若干中小型会计师事务所逐步扩充发展而成的。20世纪40年代以后，作为这些国际会计师事务所前身的几个中小事务所以办理企业的破产、合并业务和担任跨国公司审计为契机，扩大了其在世界上的影响。由于业务增多，它们一方面在世界各地设立分支机构，另一方面兼并其他会计公司，走上了扩张之路。当今活跃在国际民间审计舞台上的，主要是英美两国的国际四大会计师事务所，它们几乎垄断了世界上所有跨国公司的审计业务。早在20世纪80年代末，有人就提出，在全世界，原"六大"几乎无处不在；在欧洲每一个重要的商业城市中都可以找到至少一家属于原"六大"的会计师事务所。原"六大"成员机构遍布全世界，业务范围从早期的代理记账、审计、税务服务发展到业务开发、合同谈判、公司改造、安排上市、管理顾问、公司秘书等，几乎包揽了各种商务活动。各大会计师事务所在服务对象上也各有侧重，形成了专门化。

目前，国际四大会计师事务所包括德勤、普华永道、安永、毕马威。

## 三、内部审计机构

### （一）内部审计机构及其特征

内部审计是指由部门或单位内部相对独立的审计机构与审计人员对本部门或本单位的财政财务收支、经营管理活动及其经济效益进行审核和评价，查明其真实性、正确性、合法性、合规性和有效性，提出意见和建议的一种专门活动。其主要目的是通过审计加强风险管理、健全内部控制系统、查错揭弊、改善经营管理和提高经济效益。

### 1. 内部审计机构

我国的内部审计机构是根据审计法规和其他财经法规的规定设置的，主要包括部门内部审计机构和单位内部审计机构。

（1）部门内部审计机构

国务院和县级以上地方各级人民政府各部门，应当建立内部审计监督制度，根据审计业务需要，分别设立审计机构并配备审计人员，在本部门主要负责人的领导下，负责本部门和所属单位的财务收支及其经济效益的审计。

（2）单位内部审计机构

大中型企事业单位应当建立内部审计监督制度，设立审计机构，在本单位董事会下设的审计委员会或本单位主要负责人的领导下，负责本单位的财务收支及其经济效益的审计。内部审计机构在董事会下设的审计委员会或本单位主要负责人的领导下开展内部审计工作。审计业务少的单位和小型企事业单位，可设置专职的内部审计人员，而不设独立的内部审计机构。

不管是部门内部审计机构还是单位内部审计机构，都有其专职业务，其性质与会计检查和其他专业检查并不相同，因此必须单独设立，并受单位党组织、董事会下设的审计委员会或本单位主要负责人的领导。内部审计机构不应设在财会部门之内，受财会负责人的领导，因为这样设置机构难以有效开展内部审计工作。

2. 内部审计特征

（1）服务上的内向性

内部审计是为加强内部经济管理和控制服务的，内部审计人员是部门、单位领导在经济管理和经济监督方面的参谋与助手。服务上的内向性是国内外内部审计共同的基本特征。无论是西方企业的内部审计还是我国企业的内部审计，其主要职责都是代表董事会或主要负责人监督企业及其各部门贯彻管理层的意图，维护本单位的利益，为实现企业目标服务。

（2）审查范围的广泛性

内部审计是作为部门、单位领导在经济管理和经济监督方面的参谋与助手来进行的，其审计报告不具有法律效力。它既可进行内部财务审计、经济责任审计和经济效益审计，又可对下属单位进行财经法纪审计；既有制约作用，又有促进作用。而且，审计一般能满足管理层的要求，管理层要求审查什么，内部审计人员就审查什么。与外部审计相比，这种业务范围的广泛性，是国内外内部审计的共同特征。

（3）作用的稳定性

随着经济的发展，西方内部审计已冲破只起制约作用的范围，扩展到改善经营管理和提高风险控制水平。我国内部审计亦如此，一方面，审计必须以法律为准绳，履行财务审计的监督职能，发挥审计的制约作用；另一方面，它还要履行经济责任审计和经济效益审计的评价职能，促使部门或单位改善经营管理，增强风险控制能力，提高经济效益，充分发挥审计的促进作用。我国内部审计的制约性和促进性两项作用，在相当长的时间内会同时存在。所以，审计作用的稳定性又是国内外内部审计的共同特征。

（4）微观监督与宏观监督的统一性

我国内部审计代表部门、单位的管理层执行审计监督，防止差错弊端，为加强内部管理服务，这是微观监督的性质，也是内部审计的主要工作内容。与此同时，内部审计还应从党和国家利益出发，对党和国家重大决策部署的执行情况，本部门本单位是否遵守国家的政策、法律、法令和规章制度进行审查，又具有宏观监督的性质。所以，微观监督与宏观监督的统一性，是我国内部审计独有的特征。

### （二）内部审计机构的权限与责任追究

#### 1. 内部审计机构的权限

2018年1月12日，修订后的《审计署关于内部审计工作的规定》正式发布，其中规定了现代内部审计的权限。内部审计机构或者履行内部审计职责的内设机构应有下列权限：

（1）要求被审计单位按时报送发展规划、战略决策、重大措施、内部控制、风险管理、财政财务收支等有关资料（含相关电子数据，下同），以及必要的计算机技术文档；

（2）参加单位有关会议，召开与审计事项有关的会议；

（3）参与研究制定有关的规章制度，提出制定内部审计规章制度的建议；

（4）检查有关财政财务收支、经济活动、内部控制、风险管理的资料、文件和现场勘察实物；

（5）检查有关计算机系统及其电子数据和资料；

（6）就审计事项中的有关问题，向有关单位和个人开展调查和询问，取得相关证明材料；

（7）对正在进行的严重违法违规、严重损失浪费行为及时向单位主要负责人报告，经同意作出临时制止决定；

（8）对可能转移、隐匿、篡改、毁弃会计凭证、会计账簿、会计报表以及与经济活动有关的资料，经批准，有权予以暂时封存；

（9）提出纠正、处理违法违规行为的意见和改进管理、提高绩效的建议；

（10）对违法违规和造成损失浪费的被审计单位和人员，给予通报批评或者提出追究责任的建议；

（11）对严格遵守财经法规、经济效益显著、贡献突出的被审计单位和个人，可以向单位党组织、董事会（或者主要负责人）提出表彰建议。

#### 2. 内部审计机构的责任追究

单位党组织、董事会及其审计委员会或者主要负责人在管理权限范围内，授予内部审计机构以下必要的处理、处罚权：

（1）被审计单位不配合内部审计工作、拒绝审计或者提供资料、提供虚假资料、拒不执行审计结论或者报复陷害内部审计人员的，公司董事会及其审计委员会或者主要负责人应当及时予以处理；构成犯罪的，移交司法机关追究刑事责任。

（2）被审计单位无正当理由拒不执行审计结论的，内部审计机构应当责令其限期改正；拒不改正的，报请公司董事会及其审计委员会或主要负责人依照有关规定予以处理。

（3）对被审计单位违反财经法规、造成严重损失浪费行为负有直接责任的主管人员和其他直接责任人员，构成犯罪的，依法追究刑事责任；不构成犯罪的，依照有关规定予以处理。

（4）报复陷害内部审计人员，构成犯罪的，依法追究刑事责任；不构成犯罪的，依照有关规定予以处理。

（5）对被审计单位和内部审计机构的责任追究。被审计单位有下列情形之一的，由单位党组织、董事会（或者主要负责人）责令改正，并对直接负责的主管人员和其他直接责任人员进行处理：①拒绝接受或者不配合内部审计工作的；②拒绝、拖延提供与内部审计事项有关的资料，或者提供资料不真实、不完整的；③拒不纠正审计发现问题的；④整改不力、屡审屡犯的；⑤违反国家规定或者本单位内部规定的其他情形。

内部审计机构或者履行内部审计职责的内设机构和内部审计人员有下列情形之一的，由单位对直接负责的主管人员和其他直接责任人员进行处理；涉嫌犯罪的，移送司法机关依法追究刑事责任：①未按有关法律法规和内部审计职业规范实施审计导致应当发现的问题未被发现并造成严重后果的；②隐瞒审计查出的问题或者提供虚假审计报告的；③泄露国家秘密或者商业秘密的；④利用职权谋取私利的；⑤违反国家规定或者本单位内部规定的其他情形。

内部审计人员因履行职责受到打击、报复、陷害的，单位党组织、董事会（或者主要负责人）应当及时采取保护措施，并对相关责任人员进行处理；涉嫌犯罪的，移送司法机关依法追究刑事责任。

# 第三节　审计计划和审计重要性

## 一、审计计划的概念和作用

审计工作是指注册会计师为了完成各项实际业务，达到预期的审计目标，在执行具体审计程序之前进行的计划工作。作为对审计工作实施的一种预先规划，对任何审计项目和会计师事务所而言，不论其业务繁简，也不论其规模大小，审计计划都是至关重要的，只不过计划审计在不同情况下的繁简、粗细程度有所不同。审计计划具有以下几个方面的作用：（1）通过制订和实施审计计划，注册会计师可根据具体情况收集充分、适当的证据，保证审计目标的实现。（2）通过审计计划，可以保持合理的审计成本，提高审计工作的效率和质量。通过编制审计总体策略和审计具体计划，审计项目负责人可以全面了解审计工作的整体安排和各审计步骤的具体时间安排，掌握审计工作的进度。同时，审计项目负责人可以通过预先的计划安排，对所有参加审计工作的人员进行合理的分工、搭配，从而协调一致地完成审计工作。（3）便于对审计业务助理人员进行指导和监督。审计计划对各级注册会计师的工作任务做了事先安排，便于审计业务助理人员执行有关的审计程序，也可达到对其审计工作进行督导的目的，便于他们在实践中不断提高专业素质和技能。（4）可以避免与被审计单位之间产生误解。注册会计师在执行审计业务的过程中，要想保持良好的信誉，最大限度地减轻自己的法律责任，最基本的一点就是收集充分、适当的审计证据。而要做到这一点，需要被审计单位的支持与协作。完整、透明的审计计划可以避免与被审计单位之间产生误解，有利于同被审计单位保持良好的关系。

## 二、总体审计策略和具体审计计划

### （一）总体审计策略

#### 1. 审计范围

注册会计师应当确定审计业务的特征，包括采用的会计准则和相关会计制度、特定行业的报告要求以及被审计单位组成部分的分布等，以界定审计范围。

具体来说，在确定审计范围时，注册会计师需要考虑下列事项：

（1）编制财务报表适用的会计准则和相关会计制度。

（2）特定行业的报告要求，如某些行业的监管部门要求提交的报告。

（3）预期的审计工作涵盖范围，包括需审计的集团内组成部分的数量及所在地点。

（4）母公司和集团内其他组成部分之间存在的控制关系的性质，以确定如何编制合并财务报表。

（5）其他注册会计师参与部分审计的范围。

（6）需审计的业务分部性质，包括是否需要具备专业知识。

（7）外币业务的核算方法及外币财务报表折算和合并法规。

（8）除对合并财务报表审计之外，是否需要对组成部分的财务报表单独进行法定审计。

（9）内部审计工作的可利用性及对内部审计工作的拟依赖程度。

（10）被审计单位使用服务机构的情况及注册会计师如何取得有关服务机构内部控制设计、执行和运行有效性的证据。

（11）拟利用在前期审计工作中获取的审计证据的程度，如获取与风险评估程序和控制测试相关的审计证据。

（12）信息技术对审计程序的影响，包括数据的可获得性和预期使用计算机辅助审计技术的情况。

（13）根据中期财务信息审阅及在审阅中所获信息对审计的影响，相应调整审计涵盖范围和时间安排。

（14）与为被审计单位提供其他服务的会计师事务所人员讨论可能影响审计的事项。

（15）被审计单位的人员和相关数据可利用性。

**2. 报告目标、时间安排及所需沟通**

总体审计策略的制定应当包括明确审计业务的报告目标，以及计划审计的时间安排和所需沟通的性质，包括提交审计报告的时间要求、预期与管理层和治理层沟通的重要日期等。

为计划报告目标、时间安排及所需沟通，注册会计师需要考虑下列事项：

（1）被审计单位财务报告时间表；

（2）与管理层和治理层就审计工作的性质、范围及时间所举行的会议的组织工作；

（3）与管理层和治理层讨论预期签发报告和其他沟通文件的类型及提交时间；

（4）就组成部分的报告及其他沟通文件的类型及提交时间与组成部分的注册会计师沟通；

（5）项目组成人员之间预期沟通的性质和时间安排；

（6）是否需要跟第三方沟通，包括与审计相关的法律、法规规定和业务约定书约定的报告责任；

（7）与管理层讨论在整个审计过程中通报审计工作进展及审计结果的预期方式。

**3. 审计方向**

总体审计策略应能恰当地反映注册会计师考虑审计范围、时间和方向的结果。注册会计师应当在总体审计策略中清楚地说明下列内容：

（1）向具体审计领域调配的资源，包括向高风险领域分派有适当经验的项目组成员、就复杂的问题利用专家工作等；

（2）向具体审计领域分配资源的数量，包括安排到重要存货存放地观察存货盘点的项目组成员的数量、对其他注册会计师工作的复核范围、对高风险领域安排的审计时间预算等；

（3）何时调配这些资源，包括是在期中审计阶段还是在关键的截止日期调配资源等；

（4）如何管理、指导、监督这些资源，包括预期何时召开项目组预备会和总结会、预期项目负责人和经理如何进行复核、是否需要实施项目质量控制复核等。

**（二）具体审计计划**

**1. 总体审计策略和具体审计计划之间的关系**

制定总体审计策略和具体审计计划的过程紧密联系，并且两者的内容也紧密相关。注册会计师应当针对总体审计策略中所识别的不同事项，制订具体审计计划，并考虑通过有效利用审计资源以实现审计目标。值得注意的是，虽然编制总体审计策略的过程通常在具体审计计划之前，但是两项计划活动并不是孤立、不连续的，而是内在紧密联系的，对其中一项的决定可能会影响甚至改变对另外一项的决定。例如，注册会计师在了解被审计单位及其环境的过程中，注意到被审计单位对主要业务的处理依赖复杂的自动化信息系统,因此计算机信息系统的可靠性及有效性对其经营、管理、决策以及编制可靠的财务报告具有重大影响。对此,注册会计师可能会在具体审计计划中制定相应的审计程序,并相应调整总体审计策略的内容,作出利用信息风险管理专家的决定。

因此,注册会计师应当根据实施风险评估程序的结果,对总体审计策略的内容予以调整。在实务中,注册会计师将制定总体审计策略和具体审计计划相结合进行,可能会使审计计划更有效率、效果,并且注册会计师也可以采用将总体审计策略和具体审计计划合并为一份审计计划文件的方式,以提高编制及复核工作的效率,增强其效果。

2. 具体审计计划包括的内容

注册会计师应当为审计工作制订具体审计计划。具体审计计划比总体审计策略更加详细,其内容包括获取充分、适当的审计证据以将审计风险降至可接受的低水平,项目组成员拟实施的审计程序的性质、时间和范围。具体审计计划应当包括计划风险评估程序、计划实施的进一步审计程序和计划其他审计程序。

(1)计划风险评估程序。具体审计计划应当包括按照《中国注册会计师审计准则第1211号——了解被审计单位及其环境并评估重大错报风险》的规定,为了足够识别和评估财务报表重大错报风险,注册会计师计划实施的风险评估程序的性质、时间和范围。

(2)计划实施的进一步审计程序。具体审计计划应当包括按照《中国注册会计师审计准则第1231号——针对评估的重大错报风险实施的程序》的规定,针对评估的认定层次的重大错报风险,注册会计师计划实施的进一步审计程序的性质、时间和范围。

需要强调的是,随着审计工作的推进,对审计程序的计划会逐步深入,并贯穿整个审计过程。例如,计划风险评估程序通常在审计开始阶段进行,计划实施的进一步审计程序则需要依据计划风险评估程序的结果进行。因此,为达到编制具体审计计划的要求,注册会计师需要完成计划风险评估程序,识别和评估重大错报风险,并针对评估的认定层次的重大错报风险,计划实施的进一步审计程序的性质、时间和范围来进行工作。

通常,注册会计师计划实施的进一步审计程序可以分为进一步审计程序的总体方案和拟实施的具体审计程序(包括进一步审计程序的具体性质、时间和范围)两个层次。进一步审计程序的总体方案主要是指注册会计师针对各类交易、账户余额和列报决定采用的总体方案(包括实质性方案或综合性方案)。拟实施的具体审计程序则是对进一步审计程序的总体方案的延伸和细化,通常包括控制测试和实质性程序的性质、时间和范围。在实务中,注册会计师通常单独编制一套包括这些具体程序的"进一步审计程序表",待具体实施审计程序时,注册会计师将基于所计划的具体审计程序,进一步记录所实施的审计程序及结果,并最终形成有关进一步审计程序的审计工作底稿。

另外,完整、详细的进一步审计程序的计划包括对各类交易、账户余额和列报实施的具体审计程序的性质、时间和范围,也包括抽取的样本量等。在实务中,注册会计师可以统筹安排进一步审计程序的先后顺序,如果对某类交易、账户余额或列报已经作出计划，则可以安排先行开展工作，与此同时再制定其他交易、账户余额和列报的进一步审计程序。

（3）计划其他审计程序。具体审计计划应当包括根据审计准则的规定，注册会计师针对审计业务需要实施的其他审计程序。计划其他审计程序可以包括上述进一步审计程序的计划中没有涵盖的、根据其他审计准则的要求注册会计师应当执行的既定程序。

在审计计划阶段，注册会计师除了按照《中国注册会计师审计准则第1211号——了解被审计单位及其环境并评估重大错报风险》进行计划工作外，还需要兼顾其他准则中规定的、针对特定项目在审计计划阶段应执行的程序及记录要求。例如，《中国注册会计师审计准则第1141号——财务报表审计中对舞弊的考虑》《中国注册会计师审计准则第1324号——持续经营》《中国注册会计师审计准则第1142号——财务报表审计中对法律法规的考虑》《中国注册会计师审计准则第1323号——关联方》等准则中对注册会计师针对不同特定项目在审计计划阶段应当执行的程序及其记录做出了规定。当然，由于被审计单位所处行业、环境各不相同，特别项目可能也有所不同。例如，有些企业可能涉及环境事项、电子商务等，在实务中，注册会计师应根据被审计单位的具体情况确定特定项目并执行相应的审计程序。

## 三、审计重要性

审计重要性是现代审计理论和实务中一个非常重要的概念。注册会计师对审计重要性的运用贯穿于整个审计过程。在计划审计工作时，注册会计师应当考虑导致财务报表发生重大错报的原因，并应当在了解被审计单位及其环境的基础上，确定一个可接受的重要性水平，即首先为财务报表层次确定重要性水平，以发现在金额上重大的错报。同时，注册会计师还应当评估各类交易、账户余额和列报认定层次的重要性，以便确定进一步审计程序的性质、时间和范围，将审计风险降至可接受的低水平。在确定审计意见类型时，注册会计师也需要考虑重要性水平。

我国审计准则对重要性的定义是："重要性取决于在具体环境下对错报金额和性质的判断。如果一项错报单独或连同其他错报可能影响财务报表使用者依据财务报表做出的经济决策，则该项错报是重大的。"为了更清楚地理解重要性定义，需要把握以下几点：

（1）重要性概念是针对财务报表使用者决策的信息需求而言的。判断一项错报重要与否，应视其对财务报表使用者依据财务报表做出经济决策的影响程度而定。如果财务报表中的某项错报足以改变或影响财务报表使用者的相关决策，则该项错报就是重要的，否则就不重要。

（2）重要性受到错报的数量或者性质的影响，或者受到两者的共同影响。一般来说，金额大的错报比金额小的错报更重要。在某些情况下，某些金额的错报从数量方面看并不重要，但从性质方面考虑，则可能是重要的。对于某些财务报表披露的错报，难以从数量上判断其是否重要，应从性质上考虑其是否重要。

（3）在通用目的财务报表的审计中，注册会计师对重要性的判断是基于将财务报表使用者作为具有一定理解能力，并能理性地作出相关决策的一个集体来考虑的。注册会计师难以考虑错报对个别特定使用者可能产生的影响，因为个别特定使用者的需求千差万别。

（4）重要性的确定离不开具体环境。由于不同的被审计单位面临不同的环境，不同的报表使用者有不同的信息需求，因此注册会计师确定的重要性也不相同。某一金额的错报对某个被审计单位的财务报表来说是重要的，而对另一个被审计单位的财务报表来说可能不重要。

（5）对重要性的评估需要运用职业判断。影响重要性的因素有很多，注册会计师应当根据被审计单位面临的环境，并综合考虑其他因素，合理确定重要性水平。不同的注册会计师在确定同一被审计单位财务报表层次和认定层次的重要性水平时，得出的结果可能不同，主要是因为其对影响重要性的各因素的判断存在差异。因此，注册会计师需要运用职业判断来合理评估重要性。

需要注意的是，仅从数量角度考虑，重要性水平只是提供一个门槛或临界点。在该门槛或临界点之上的错报就是重要的；反之，该错报则不重要。重要性并不是财务信息的主要质量特征。

# 第二章 大数据审计

## 第一节 大数据基本概述

### 一、大数据的定义

#### （一）大数据介绍

大数据（Big Data）是指无法在一定时间范围内用常规软件工具进行捕捉、管理和处理的数据集合，是需要新处理模式才能具有更强的决策力、洞察发现力和流程优化能力的海量、高增长率和多样化的信息资产。

大数据是现代社会高科技发展的产物，它并不是一种单独的技术，而是一个概念，一个技术圈。相对于传统的数据分析，大数据是海量数据的集合，它以采集、整理、存储、挖掘、共享、分析、应用、清洗为核心，正广泛地应用于军事、金融、环境保护、通信等各个行业。

大数据时代的概念最早是全球知名咨询公司麦肯锡提出的。麦肯锡认为："大数据的应用，重点不在于堆积数据，而在于利用数据，作出更好的、利润更高的决策。"因此，大数据的核心在于对海量数据的分析和利用。

按照麦肯锡的理念来理解，大数据并不是神秘而不可触摸的，它是一种新兴的产业，从提出概述至今，不断在推动着世界经济的转型和进一步的发展。

综上所述，从各种各样的大数据中，快速获得有用信息的能力，就是大数据技术。这种技术已经对人们的生产和生活方式有了极大的影响，并且还在快速地发展中，不会停下来。

#### （二）大数据的影响

##### 1. 大数据对科学活动的影响

人类在科学研究上先后历经了实验、理论和计算三种范式。当数据量不断增长和累积到今天，传统的三种范式在科学研究，特别是一些新的研究领域已经无法很好地发挥作用，需要有一种全新的第四种范式来指导新形势下的科学研究。这种新的范式就是从以计算为中心转变到以数据处理为中心，确切地说也就是数据思维。

数据思维是指在大数据环境下，一切资源都将以数据为核心，人们从数据中去发现问题，解决问题，在数据背后挖掘真正的价值，科学大数据已经成为科技创新的新引擎。在奥地利数据科学家维克托·迈尔－舍恩伯格撰写的《大数据时代》一书中明确指出："大数据时代最大的转变，就是放弃对因果关系的渴求，取而代之关注相关关系。"也就是说，只要知道"是什么"，而不需要知道"为什么"。这就颠覆了千百年来人类的思维惯例，可以说是对人类的认知和与世界交流的方式提出了全新的挑战。虽然第三范式和第四范式都是利用计算机来计算，但它们在本质上是不同的。第四范式彻底颠覆了人类对已知世界的理解，明确了一点：如果能够获取更全面的数据，也许才能真正作出更科学的预测，这就是第四范式的出发点，这也许是最迅速和实用的解决问题的途径。

因此大数据将成为科学研究者的宝库，从海量数据中挖掘有用的信息会是一件极其有趣而复杂的事情。它要求人们既要依赖于数据，又要有独立的思考，能够从不同数据中找出隐藏的关系，从而提取出有价值的信息。

2. 大数据对思维方式的影响

人们处理的数据是从样本数据变成全量数据。面对大数据，传统的样本数据可能不再使用。大数据分析处理技术的出现使得人们对全量数据的处理变得简易可行。大数据时代带来了从样本数据到全量数据的转变。在大数据可视化时代，数据的收集问题不再是人们的困扰，使采集全量的数据成为现实。全量数据带给人们视角上的宏观与高远，这将使人们可以站在更高的层级看待问题的全貌，看见曾经被淹没的数据价值，发现藏匿在整体中有趣的细节。因为拥有全部或几乎全部的数据，就能获得从不同的角度更细致、更全面地观察、研究数据的可能性，从而使得大数据平台的分析过程成为惊喜地发现过程和问题域的拓展过程。

由于是全量数据，人们不得不接受数据的混杂性，而放弃对精确性的追求。传统的数据分析为了保证其精确性和准确性，往往采取抽样分析来实现。而在大数据时代，往往采取全样分析而不再采用以往的抽样分析。因此追求极高精确率的做法已经不再是人们的首要目标，速度和效率取而代之，如在几秒内就迅速给出针对海量数据的实时分析结果等。同时人们也应该容许一些不精确的存在，数据不可能是完全正确或完全错误的，当数据的规模以数量级增加时，对大数据进行深挖和分析，能够把握真正有用的数据，才能避免作出盲目且错误的决策。

人类通过对大数据的处理，放弃对因果关系的渴求，转而关注相关关系。

在以往的数据分析中，人们往往执着于现象背后的因果关系，总是试图通过有限的样本来剖析其中的内在机理。而在大数据的背景下，相关关系大放异彩。通过应用相关关系，人们可以比以前更容易、更便捷、更清楚地分析事物。

3. 大数据对社会发展的影响

在大数据时代，不管是物理学、生物学、环境生态学等领域，还是军事、金融、通信等行业，数据都在迅速膨胀，没有一个领域可以不被波及。"大数据"正在改变甚至颠覆着人们所处的整个时代，对社会发展产生了方方面面的影响。

在大数据时代，用户会越来越多地依赖于网络和各种"云端"工具提供的信息做出行为选择。从社会这个大方面上看，这有利于提升人们的生活质量、和谐程度，从而降低个人在群体中所面临的风险。例如，美国的网络公司 Farecast 通过对 2000 亿条飞行数据记录的搜索和运算，可以预测美国各大航空公司每一张机票的平均价格走势。如果一张机票的平均价格呈下降趋势，系统就会帮助用户做出稍后再购票的明智选择。反过来，如果一张机票的平均价格呈上涨趋势，系统就会提醒用户立刻购买该机票。通过预测机票价格的走势以及增降幅度，Farecast 的票价预测工具能帮助用户抓住最佳购买时机，节约出行成本。

### 4. 大数据对就业市场的影响

大数据激发内需的剧增，引发产业的巨变。生产者具有自身的价值，而消费者则是价值的意义所在。有意义的东西才会有价值，如果消费者不认同，产品就卖不出去，价值就实现不了；如果消费者认同，产品就卖得出去，价值就得以实现。大数据可以帮助人们从消费者这里分析意义所在，从而帮助生产者实现更多的价值。

此外，随着大数据的不断应用，各行各业数据业务转型升级。例如，金融业原来的主业是做金融业务，靠佣金赚钱；而现如今清算、结算可能免费，转而利用支付信息的衍生信息增值业务赚钱。

## 二、大数据的特征

### （一）数据量大

大数据中的数据量大，指的是海量数据。由于大数据往往采取全样分析，因此大数据的"大"首先体现在其规模和容量远远超出传统数据的测量尺度，一般的软件工具难以捕捉、存储、管理和分析的数据，通过大数据的云存储技术都能保存下来，形成浩瀚的数据海洋，目前的数据规模已经从 TB 级升级至 PB 级。大数据之"大"还表现在其采集范围和内容的丰富多变，能存入数据库的不仅包含各种具有规律性的数据符号，还囊括了各种如图片、视频、声音等非规则的数据。

### （二）数据类型繁多

大数据包括结构化数据、非结构化数据和半结构化数据。

结构化数据常指存储关系在数据库中的数据。该数据遵循某种标准，如企业财务报表、医疗数据库信息、行政审批数据、学生档案数据等。

非结构化数据常指不规则或不完整的数据，包括所有格式的办公文档、XML、HTML、各类报表、图片、图像、音频、视频信息等。企业中 80% 的数据都是非结构化数据，这些数据每年都按指数增长。相对于以往便于存储的以文本为主的结构化数据，越来越多的非结构化数据的产生给所有企业都提出了挑战。在网络中非结构化数据越来越成为数据的主要部分。值得注意的是，非结构化数据具有内部结构，但不通过预定义的数据模型或模式进行结构化。它可能是文本的或非文本的，也可能是人为的或机器生成的。它也可以存储在像 MYSQL 这样的非关系数据库中。

半结构化数据常指有一定的结构与一致性约束，但在本质上不存在关系的数据，如常用于跨平台传输的 XML 数据及 SON 数据等。

据 IDC 的调查报告显示，拜互联网和通信技术近年来的迅猛发展所赐，如今的数据类型早已不是单一的文本形式，音频、视频、图片、地理位置信息等多类型的数据对数据的处理能力提出了更高的要求。并且数据来源也越来越多样，不仅产生于组织内部运作的各个环节，也来自组织外部的开放数据。其中内部数据主要包含：政府数据，如征信、户籍、犯罪记录等；企业数据，如阿里巴巴的消费数据、腾讯的社交数据、滴滴的出行数据等；机构数据，如第三方咨询机构的调查数据。而开放数据主要包含网站数据和各种 APP 终端数据，以及大众媒介数据等。

例如，智能语音助手就是多样化数据处理的代表。用户可以通过语音、文字输入等方式与其对话交流，并调用手机自带的各项应用，阅读短信、询问天气、设置闹钟、安排日程，乃至搜索餐厅、电影院等生活信息，收看相关评论，甚至直接订位、订票，智能语音助手则会依据用户默认的家庭地址或是所在位置判断、过滤搜索的结果。

### （三）数据产生速度快

在数据处理速度方面，有一个著名的"1 秒定律"，即要在秒级时间范围内给出分析结果，超出这个时间，数据就失去价值了。大数据是一种以实时数据处理、实时结果导向为特征的解决方案，它的"快"体现在两个层面。

数据产生得快，有的数据是爆发式产生的，如欧洲核子研究中心的大型强子对撞机在工作状态下每秒产生 PB 级的数据；有的数据是涓涓细流式产生的，但是由于用户众多，短时间内产生的数据量依然非常庞大，如点击流、日志、论坛、博客、发邮件、射频识别数据、GPS（全球定位系统）位置信息等。

### （四）数据处理的快

正如水处理系统可以从水库调出水进行处理，也可以处理直接对涌进来的新水流。大数据也有批处理（"静止数据"转变为"正使用数据"）和流处理（"动态数据"转变为"正使用数据"）两种范式，以实现快速的数据处理。

例如，电子商务网站从点击流、浏览历史和行为（如放入购物车）中实时发现顾客的即时购买意图与兴趣，并据此推送商品，这就是数据"快"的价值，也是大数据的应用之一。

### （五）数据价值密度低

随着互联网以及物联网的广泛应用，信息感知无处不在，信息海量，但价值密度较低。如何结合业务逻辑并通过强大的机器算法来挖掘数据价值，是大数据时代最需要解决的问题。以监控视频为例，一部一小时连续不间断的监控视频中，可能有用的数据仅仅有一两秒，但是为了能够得到想要的视频，人们不得不投入大量资金用于购买网络设备、监控设备等。

因此，由于数据采集不及时，数据样本不全面，数据不连续等缘故，数据可能会失真，但当数据量达到一定规模时，可以通过更多的数据达到更真实、全面的反馈。

### 三、大数据技术应用与基础

大数据的应用无处不在，从金融业到娱乐业，从制造业到互联网业，从物流业到运输业，到处都有大数据的身影。

制造业：借助于大数据分析，制造商们可以进行预测性维护以及性能分析，从而改进战略决策。

汽车业：利用大数据和物联网技术开发的无人驾驶汽车，在不远的未来将进入人们的日常生活。

互联网业：借助于大数据技术可以分析客户行为，进行商品推荐和针对性广告投放。

金融业：通过大数据预测企业的金融风险，并通过描绘用户画像，清楚用户的消费行为及在网活跃度等，以更好地掌控资金的投放。

餐饮业：利用大数据实现餐饮 O2O 模式，彻底改变传统餐饮经营方式。

电信业：利用大数据技术实现客户离网分析，及时掌握客户离网倾向，出台客户挽留措施。

能源业：随着智能电网的发展，电力公司可以掌握海量的用户用电信息，利用大数据技术分析用户用电模式，可以改进电网运行，合理设计电力需求响应系统，确保电网运行安全。

物流业：利用大数据优化物流网络，提高物流效率，降低物流成本。

城市管理：可以利用大数据实现智能交通、环保监测、城市规划和智能安防。

医药业：大数据可以帮助人们在医药行业实现流行病预测、智慧医疗、健康管理等，同时还可以帮助人们解读 DNA，了解更多的生命奥秘。

体育娱乐业：大数据可以帮助人们训练球队，帮助教练做比赛的阵容决定，投拍受欢迎题材的影视作品，并进行较为全面的结果预测。

新闻业：利用大数据挖掘新闻背后的更多事实，也可以将大数据可视化引入编辑，向公众呈现不一样的视觉故事。

### （一）大数据关键技术

#### 1. 大数据采集

大数据采集技术就是对数据进行 ETL（Extract-Transform-Load，抽取—转换—加载）操作，通过对数据进行提取、转换、加载，最终挖掘数据的潜在价值，然后提供给用户解决方案或决策参考，是数据从数据来源端经过抽取、转换、加载到目的端，然后进行处理分析的过程。用户从数据源抽取出所需的数据，经过数据清洗，然后按照预先定义好的数据模型将数据加载到数据仓库中去，最后对数据仓库中的数据进行数据分析和处理。数据采集是数据分析生命周期中的重要一环，它通过传感器、社交网络、移动互联网等渠道获得各种类型的结构化、半结构化及非结构化的海量数据。由于采集的数据种类错综复杂，因此进行数据分析之前必须通过抽取技术对数据进行提取，从数据原始格式中抽取出需要的数据。

### 2. 大数据预处理

现实中的数据大多是"脏"数据，如缺少属性值或仅仅包含聚集数据等，因此需要对数据进行预处理。数据预处理技术主要包含以下几种。

数据清理：用来清除数据中的"噪声"，纠正不一致。

数据集成：将数据由多个数据源合并成一个一致的数据存储，如数据仓库。

数据归约：通过如聚集、删除冗余特征或聚类等操作来降低数据的规模。

数据变换：把数据压缩到较小的区间，如 [0，1]，可以提高涉及距离度量的挖掘算法的准确率和效率。

### 3. 大数据存储

大数据存储是将数量巨大，难以收集、处理、分析的数据集持久化地存储到计算机中。由于大数据环境一定是海量的，并且增量都有可能是海量的，因此大数据的存储和一般数据的存储有极大的差别，需要非常高性能、高吞吐率、大容量的基础设备。

为了能够快速、稳定地存取这些数据，目前至少需要用磁盘阵列，同时还要通过分布式存储的方式将不同区域、类别、级别的数据存放于不同的磁盘阵列中。在分布式存储系统中包含多个自主的处理单元，通过计算机网络互联来协作完成分配的任务，其分而治之的策略能够更好地解决大规模数据分析问题。分布式存储系统主要包含以下两类：

（1）分布式文件系统。存储管理需要多种技术的协同工作，其中文件系统为其提供最底层存储能力的支持。分布式文件系统是一个高度容错性系统，被设计成适用于批量处理，能够提供高吞吐量的数据访问。

（2）分布式键值系统。分布式键值系统用于存储关系简单的半结构化数据。典型的分布式键值系统有 Amazon Dynamo，获得广泛应用和关注的对象存储（Object Storage）技术也可以视为键值系统，其存储和管理的是对象而不是数据块。

### 4. 大数据分析与挖掘

大数据分析与挖掘的目的是把隐藏在一大批看起来杂乱无章的数据中的信息集中起来，进行萃取、提炼，以找出所研究对象的内在规律。

大数据分析与挖掘主要包含两个内容：可视化分析与数据挖掘算法的选择。

（1）可视化分析。不论是分析专家，还是普通用户，在分析大数据时，最基本的要求就是对数据进行可视化分析。可视化分析将单一的表格变为丰富多彩的图形模式，简单明了、清晰直观，更易于读者接受，如标签云、历史流、空间信息流等都是常见的可视化技术。用户可以根据自己的需求灵活地选择这些可视化技术。

（2）数据挖掘算法的选择。大数据分析的理论核心就是数据挖掘算法。数据挖掘算法多种多样，不同的算法基于不同的数据类型和格式会呈现出数据所具备的不同特点。各类统计方法都能深入数据内部，挖掘出数据的价值。数据挖掘算法是根据数据创建数据挖掘模型的一组试探法和计算方法。为了创建该模型，算法将首先分析用户提供的数据，针对特定类型的模式和趋势进行查找，并使用分析结果定义用于创建挖掘模型的最佳参数，将这些参数应用于整个数据集，以便提取可行模式和详细统计信息。在数据挖掘算法中常采用人机交互技术，该技术可以引导用户对数据进行逐步的分析，使用户参与到数据分析的过程中，更深刻地理解数据分析的结果。

### （二）大数据与人工智能

人工智能（Artificial Intelligence，AI）是研究、开发用于模拟、延伸和扩展人的智能的理论、方法、技术及应用系统的一门新的技术科学。人工智能研究的一个主要目标是使机器能够胜任一些通常需要人类智能才能完成的复杂工作。用一句话描述就是，人工智能是对人脑思维过程的模拟与思维能力的模仿。但不可否认的是，随着计算机计算能力和运行速度的不断提高，机器的智能化程度是人脑不能相比的。

如果将大数据与人工智能进行比较，最明显的区分体现在以下两个方面：

（1）在概念上两者有所不同。大数据和云计算可以理解为技术上的概念，人工智能是应用层面的概念，人工智能的技术前提是云计算和大数据。

（2）在实现上，大数据主要是依靠海量数据来帮助人们对问题做出更好的判断和分析。而人工智能是一种计算形式，它允许机器执行认知功能，如对输入起作用或做出反应，类似于人类的做法，并能够替代人类对认知结果作出决定。

综上所述，虽然人工智能和大数据有很大的区别，但它们仍然能够很好地协同工作。两者相互促进，相互发展。大数据为人工智能的发展提供了足够多的样本和数据模型，因此，没有大数据就没有人工智能。

## 四、大数据的类型

大数据不仅仅是数量众多、规模巨大，还表现在数据的类型上。在大量的信息内容中，只有大约20%的数据隶属于结构化数据，大约80%的数据隶属于分布在社交网络、物联网、电子商务等领域的非结构化数据。因为现在所创造的技术产生的数据是当前的方法所处理不了的，而机器数据越来越重要，数据将会成为一种自然资源。

### （一）按照数据结构分类

按照数据结构分类可以划分为三类，即结构化数据、半结构化数据、非结构化数据。结构化数据是存储在数据库里可以用二维表结构来逻辑表达实现的数据。半结构化数据、非结构化数据是不适合用二维逻辑表结构来展现的。

1. 结构化数据

结构化数据指的是关系模型数据，换句话说，用关系型数据库来展示形式管理的数据。现在许多企业都是采用这种方式存放数据。

2. 非结构化数据

与结构化数据相比，不适合用数据库二维逻辑表来表现的数据即为非结构化数据。非结构化数据所涉及的方面也是比较广的，包含所有格式的办公文档、文本、图片、各类报表、图像等。

非结构化数据库指的是其字段长度是可以变化的，另外，每个字段的记录也可以由可重复的或不可重复的子字段构成数据库，采用这种方法是比较方便的，一方面可以处理数字、符号等结构化数据，另一方面也可以处理文本、图像、视频等非结构化数据。

非结构化 Web 数据库主要是针对非结构化数据而产生的，与之前的关系数据库所不同的是，它不再局限于之前数据固定长度的问题，而是打破了这种限制，可以采用重复字段、子字段和变长字段的应用，利用这种方式，实现了对变长数据和重复字段进行处理和数据项的变长存储管理，如果是处理全文信息内容和多媒体信息内容时，非结构化数据库表现出很明显的优势，这是传统的关系数据库所不能达到的。

3. 半结构化数据

半结构化数据指的是在完全结构化数据和完全非结构化数据之间的数据，这里的完全结构化数据指的是关系型数据库等信息，完全非结构化数据指的是声音、图像等信息，而 HTML 文档是归于半结构化数据中的，它一般是自行描述的，数据的结构与内容混在一起并没有什么不同。

这种数据和前面的两种数据是不同的，它归属于结构化的数据，但是其结构变化又很大。主要原因就是，并不能把数据只是简单地放在一起形成一个文件，采用非结构化数据处理的方式管理数据，需要从数据的细节出发，了解其深层的意义，因为这种类型的数据结构变化很大，也不能建立一个相对应的表格。

从实际来说，结构化、半结构化以及非结构化数据之间的不同，只不过是根据数据的格式划分的，并且从发生到现在已经有很长时间了。从真正意义上来说，结构化与半结构化数据都是有基本固定结构模式的数据，也就是所谓的专业意义上的数据。然而，把关系模型数据定义为结构化数据，这个定义比较笼统，对企业的数据管理是可行的，但是它的意义并不大。

除此之外，半结构化与非结构化数据和现在应用比较广泛的大数据之间只是在某些领域有相同的内容。事实上，这中间并没有必然的联系。为什么现在许多人都认为大数据是半结构化数据和非结构化数据，主要还是因为大数据最先在这两个领域应用，其意义比较深刻。

（二）按照产生主体分类

按照产生主体分类可以划分为三类，即企业数据、机器数据、社会化数据。其中，企业数据主要指的是 CRM 系统里的消费者数据、传统的 ERP 数据等；机器数据主要指的是呼叫记录、智能仪表、设备日志、交易数据等；而社会化数据主要指的是用户的行为记录、反馈数据等。

1. 企业数据

前几年针对全球企业和消费者的存储量有了一个新的突破，全球企业的存储数据已经超过了 7000PB，全球消费者的存储数据已经超过了 6000PB，并且每一天都会有无数的数据被收集、交换、分析和整合。数据将会和企业的固定资产、人力资源相同，成为生产过程中的基本要素。

麦肯锡公司在研究报告《大数据：下一个创新、竞争和生产率的前沿》中表明，曾经在美国，仅仅是制造行业其数据就比美国政府数据还多一倍，除此之外，在新闻业、银行业，还有医疗业、投资业，或者是零售业所拥有的数据，都可以和美国政府产生的海量数据等同对待。

这些繁多的数据表明，庞大的数据来源使得企业界发生了变化，企业每天都在产生和更新数据，数据已经成为企业的一部分。

### 2. 机器数据

机器数据指的是机器生产的数据，其实说的就是大数据最原始的数据类型，一般来说，主要包含的是软硬件设备生产的信息，这些数据主要有日志文件、交易记录、网络消息等，并且这些信息含有企业内所有的元素。

在大数据中，机器数据是增长比较快的一种数据，并且其所占的份额比例也比较大。在现代企业机构中，不管是什么规模都会产生巨大的机器数据，怎样管理数据，如何在万千数据中利用机器数据创造业务，是现代企业需要解决的一大问题。

信息至上的时代，大数据是不可或缺的，可以结合 IT 运维系统安全、搜索引擎等一些比较独特的应用，实现大数据环境下机器数据的存储、管理和分析，这也是目前企业需要着重进行的内容。

### 3. 社会化数据

随着网络的流行，社交软件得到了广泛的应用。在社交软件上的庞大用户群，因为他们的登录会产生巨大的数据量，这些用户也会产生巨大的数据回馈，主要包括网络上的评论、视频、图片、个人信息资料等，让用户在媒体中分享自己的信息或评论他人的信息，也就被称为社会化数据。与之前静态的、事务性数据相比，社会化数据更具有实时性和流动性的特点。现在的人们会在社会化媒体软件上进行交流、购买、出售等活动，这些活动大多是免费的，由此来产生大量的信息。这些数据其实是每个网民一点点积累而成的，含有的价值也是不容忽视的。

### （三）按照数据的作用方式分类

按照数据的作用方式分类可以基本划分为三类，即交易数据、交互数据、传感数据。

### 1. 交易数据

交易数据指的是经过 ERP、电子商务、POS 机等交易工具所带来的数据。在具体的应用中，因为组织数据与互联网数据并没有合理地放在一起，各种海量的数据都混在一起，非常杂乱，这就使得数据不能得到有效的利用。针对这些问题，迫切需要更大的数据平台、快速有效的算法去分析、预测产生的交易数据，有利于企业充分地运用这些数据信息。

### 2. 交互数据

交互数据指的是微信、微博、即时通信等社交媒体所产生的数据。现在社交网站越来越多，产生的数据量也越来越丰富，带动了以非结构化数据为主的大数据分析，使得企业对数据的要求更高，他们不再满足于点状的交易数据。举个例子，企业的产品卖掉了、顾客突然解约都是归于点状的交易数据，这种数据无法满足企业的发展，需要换一种线状的互动数据，如为什么这项产品卖掉了、顾客为什么突然解约等都属于线状的互动数据。

对于企业现在所处的环境来说，不仅需要企业现在的状况，还需要预测未来的发展前景，这就需要企业把分析方法从交易数据的形式向互动数据的形式发展。举个例子，亚马逊网站会根据网页的数据浏览量，来跟踪用户从进入到离开该网站的曲线和行为，其实就是在企业和用户之间建立一种互动数据的联系。如果多个用户都避开某一个网站，表明这个网站需要改善，好让用户能够放心地使用。

### 3. 传感数据

传感数据指的是 GPS、RFID、视频监控等物联网设备带来的传感数据。在科技日益发展的今天，微处理器和传感器变得越来越便宜，许多系统需要更新改善，全自动系统或半自动系统含有更多智能性功能，可以从这种大环境中获取更多的数据。现在许多系统中的传感器和处理器日益丰富，并且价格还在降低，企业中许多系统都在利用传感器系统，未来将会自动地产生传感数据。

## 五、大数据的特征

现在，大家比较一致的理解就是互联网数据中心对大数据的定义，从这个定义中可以分析出大数据的基本特征是规模性（Volume）、多样性（Variety）、高速性（Velocity）、价值性（Value），也就是经常说的 4V 特性。

## 六、大数据的意义与商业价值

大数据是看待现实的新角度，不仅改变了市场营销、生产制造，同时也改变了商业模式。数据本身就是价值来源，这也就意味着新的商业机会，没有哪一个行业能对大数据产生免疫能力，适应大数据才能在这场变革中继续生存下去。

### （一）对顾客群体细分

"大数据"可以对顾客群体细分，然后对每个群体量体裁衣般地采取独特的行动。瞄准特定的顾客群体来进行营销和服务是商家一直以来的追求。云存储的海量数据和"大数据"的分析技术使得对消费者的实时和极端的细分有了成本效率极高的可能。

### （二）模拟实境

运用"大数据"模拟实境，发掘新的需求和提高投入的回报率。现在越来越多的产品中都装有传感器，汽车和智能手机的普及使得可收集数据呈现爆炸性增长。Blog、Twitter、Facebook 和微博等社交网络也在产生着海量的数据。

云计算和"大数据"分析技术使得商家可以在成本效率较高的情况下，实时地把这些数据连同交易行为的数据进行储存和分析。交易过程、产品使用和人类行为都可以数据化。"大数据"技术可以把这些数据整合起来进行数据挖掘，从而在某些情况下通过模型模拟来判断不同变量（如不同地区不同促销方案）的情况下何种方案投入回报最高。

### （三）提高投入回报率

提高"大数据"成果在各相关部门的分享程度，提高整个管理链条和产业链条的投入回报率。"大数据"能力强的部门可以通过云计算、互联网和内部搜索引擎把"大数据"成果和"大数据"能力比较薄弱的部门分享，帮助他们利用"大数据"创造商业价值。

### （四）存储空间出租

企业和个人有着海量信息存储的需求，只有将数据妥善存储，才有可能进一步挖掘其潜在价值。具体而言，这块业务模式又可以细分为针对个人文件存储和针对企业用户两大类。主要是通过易于使用的 API（Application Programming Interfacebook，应用程序编程接口），用户可以方便地将各种数据对象放在云端，然后再像使用水、电一样按用量收费。

目前已有多个公司推出相应服务，如亚马逊、网易、诺基亚等。运营商也推出了相应的服务，如中国移动的彩云业务。

### （五）管理客户关系

客户管理应用的目的是根据客户的属性（包括自然属性和行为属性），从不同角度深层次分析客户、了解客户，以此增加新的客户、提高客户的忠诚度、降低客户流失率、提高客户消费等。对中小客户来说，专门的 CRM（客户关系管理）显然大而贵。不少中小商家将飞信作为初级 CRM 来使用。

比如把老客户加到微信群里，在群朋友圈里发布新产品预告、特价销售通知，完成售前售后服务等。

### （六）个性化精准推荐

在运营商内部，根据用户喜好推荐各类业务或应用是常见的，比如应用商店软件推荐、IPTV 视频节目推荐等，而通过关联算法、文本摘要抽取、情感分析等智能分析算法后，可以将之延伸到商用化服务，利用数据挖掘技术帮助客户进行精准营销，今后的盈利可以来自客户增值部分的分成。

以日常的"垃圾短信"为例，信息并不都是"垃圾"，因为收到的人并不需要而被视为垃圾。通过用户行为数据进行分析后，可以给需要的人发送需要的信息，这样"垃圾短信"就成了有价值的信息。在日本的麦当劳，用户在手机上下载优惠券，再去餐厅用运营商 DoCoMo 的手机钱包优惠支付。运营商和麦当劳收集相关消费信息，例如经常买什么汉堡，去哪个店消费，消费频次多少，然后精准推送优惠券给用户。

### （七）数据搜索

数据搜索是一个并不新鲜的应用，随着"大数据"时代的到来，实时性、全范围搜索的需求也就变得越来越强烈。我们需要能搜索各种社交网络、用户行为等数据。其商业应用价值是将实时的数据处理与分析和广告联系起来，即实时广告业务和应用内移动广告的社交服务。

运营商掌握的用户网上行为信息，使得所获取的数据"具备更全面的维度"，更具商业价值。典型应用如中国移动的"盘古搜索"。

# 第二节　大数据审计概述

## 一、大数据审计的内涵

目前，被审计单位信息化程度越来越高，信息系统越来越复杂，需要采集的数据量越来越大，数据类型较多，不仅仅是数据库中的结构化电子数据，还包括一些与被审计单位相关的会议记录、会议决议、办公会通知、办公文件、业务介绍、部门年度工作总结、风险分析报告、相关审计报告、政策文件、内部控制手册以及信息系统使用手册等非结构化数据。因此，审计工作与大数据之间已经密不可分。大数据环境对审计工作来说，既是机遇，又是挑战，大数据环境下需要考虑如何利用大数据技术审计电子数据、如何审计大数据环境下的电子数据、如何利用大数据技术审计信息系统，以及如何审计大数据环境下的信息系统等。

综上所述，大数据审计是随着大数据时代的到来以及大数据技术的发展而产生的一种新的计算机审计（审计作业信息化）方式，其内容包括大数据环境下的电子数据审计（如何利用大数据技术审计电子数据、如何审计大数据环境下的电子数据）和大数据环境下的信息系统审计（如何利用大数据技术审计信息系统、如何审计大数据环境下的信息系统）两个方面。

## 二、大数据审计方法原理

### （一）审计大数据采集

#### 1. 数据来源

大数据的来源主要包括以下两个方面：（1）审计大交易数据。这些数据是传统的、结构化的、通过关系型数据库进行管理和访问的静态、历史数据。（2）审计大交互数据。这些数据源于社交媒体数据，包括传感器信息、海量图像文件、网络文本、电子邮件等。

对于审计来说，大数据环境下，采集审计所需要的大数据是开展大数据审计的必要步骤，采集数据的来源主要包括以下四个方面：（1）上级审计部门数据中心提供的数据。这类数据由上级审计部门根据审计项目的需要，提供给下级开展审计项目的审计部门，下级审计部门一般可通过查询方式使用上级审计部门提供的数据。（2）审计部门定期采集并上传至上级审计部门或本部门数据中心的各类数据。在开展相关审计项目时，审计部门可以充分利用这些平时积累的数据。（3）在审计项目实施过程中根据需要采集的各类数据。在开展相关审计项目时，审计部门可以根据项目的需要，从被审计单位依法采集所需要的相关审计数据。（4）通过大数据工具从互联网上抓取的公开数据。审计人员还可以通过一些大数据工具从互联网上抓取所需要的相关公开数据，或者实现自动搜索互联网上一些关于被审计单位公开报道的风险信息，从而便于审计人员进行全方位的大数据分析。

**2. 数据采集的类型**

（1）结构化数据采集

一般来说，采集的结构化数据主要包括被审计单位共性数据，如报表、财务、产权、投资、供应商管理、合同管理、采购和销售等数据；被审计单位个性数据，如用于决策、审批、签批等的决策数据，体现经济运行和行业特点的业务数据；与信息系统有关的结构化数据，如信息系统的操作用户信息、用户操作日志等方面的相关数据。

（2）非结构化数据采集

一般来说，采集的非结构化数据主要包括被审计单位基本情况、历史沿革、组织结构、部门职责、经营和改革发展状况、存在的主要问题和风险；被审计单位内部审计报告、社会审计报告、审计机关审计报告等，以及对上述报告所发现问题的整改情况；被审计单位与经营管理决策相关的党组（委）会、董事会、总经理办公会会议纪要和会议记录；与信息系统有关的非结构化数据，如信息系统的开发、测试、运行、安全管理、业务连续性管理等方面的相关文档。

**（二）审计大数据集成**

审计大数据集成的目的是把从不同被审计单位或同一被审计单位采集的不同数据源中的各种不同数据整合在一起，这些数据往往涉及诸多数据源，并且其数据模式也可能不同。因此，在对审计大数据进行分析时，需要先对这些被审计单位的审计大交易数据和审计大交互数据进行采集和数据预处理，从而满足审计大数据分析的需要。

**（三）审计大数据存储与管理**

目前的数据存储技术不能满足审计大数据环境的需要，大数据环境下，审计数据的存储方法发生了改变，包括存储设施、存储架构、数据访问机制等。因此，可借助云计算平台或分布式文件系统进行审计大数据存储与管理。

以云计算为例，云计算是一种数据分析技术，其三个层次的服务模式包括软件服务、平台服务和设施服务。云计算能够充分利用物理设施的弹性，获得处理快速增长数据的能力。大数据本身就是一个问题集，而云计算为大数据提供存储、访问和计算。大数据有云计算平台作为基础架构，才得以顺畅运营。云计算提供了基础架构平台，审计大数据分析等应用在这个平台上运行。

**（四）审计大数据分析与结果展示**

常用的审计大数据分析方法主要包括大数据可视化分析技术、大数据多数据源综合分析技术和大数据智能分析技术等。大数据环境下，常用的审计数据分析方法，如数据查询、统计分析和数值分析等，仍可以根据审计工作的实际情况使用，如与大数据技术组合使用，对被审计大数据中的部分数据进行分析等。

## 三、大数据审计的研究与应用

### （一）大数据审计的学术研究

#### 1. 大数据审计方法的原理

有研究者对大数据环境下电子数据审计的重要性进行了讨论，分析了电子数据审计的内涵及原理；在此基础上，重点研究了大数据环境下电子数据审计面临的机遇与挑战，并结合大数据的特点以及目前已有的大数据分析技术与工具，研究了大数据环境下开展电子数据审计的方法。此外，有研究者综合现有文献的分析，比较了大数据环境下电子数据审计方法与现有电子数据审计方法。

#### 2. 大数据环境下基于模糊匹配的大数据审计方法

大数据环境下从不同地方采集的被审计数据中可能含有相似重复的数据，这些相似重复的数据可能就是审计过程中要查找的可疑数据，如何对这些相似重复的数据进行关联分析是大数据分析过程中的一个重要问题。目前常用的电子数据审计方法，如结构化查询语言（Structured Query Language，SQL）数据查询、数值分析（重号分析）等，只能查找完全符合查询条件的数据。为了查找被审计数据中的相似重复数据，解决 SQL 数据查询的不足，针对大数据环境下电子数据审计的需要，有研究者提出一种基于模糊匹配的审计方法，并在电子数据审计模拟实验室软件中设计并实现了这种审计数据分析方法。

#### 3. 大数据环境下基于数据可视化技术的大数据审计方法

大数据时代，为了让审计人员能够"洞察"被审计单位的大数据，数据可视化成为必然。有研究者结合案例重点研究了大数据环境下基于数据可视化技术的电子数据审计方法，并与目前常用的基于 SQL 的数据查询方法，以及基于审计软件的分析方法进行了对比分析。

#### 4. 基于大数据可视化分析技术的审计线索特征挖掘方法

传统的电子数据审计方法一般是查找审计线索，发现被审计单位存在的问题，没有进一步挖掘审计线索的特征，分析产生相关问题的规律和原因。因此只能发现被审计单位存在的部分问题，不能通过发现的审计线索分析出更深层次的问题，达到审计免疫的目的。大数据可视化分析技术的发展为解决这一问题提供了机遇。有学者分析了研究审计线索特征挖掘方法的重要性和目前常用审计方法及其存在的不足，在分析大数据可视化分析技术的基础上，提出了基于大数据可视化分析技术的审计线索特征挖掘方法，并分析了该方法的原理。

#### 5. 基于大数据技术的经济责任审计

针对经济责任审计的需要，一些研究者从审计数据来源和现场审计数据采集范围两个方面出发，详细分析了大数据环境下经济责任审计的数据采集，并对大数据环境下开展经济责任审计的主要数据分析方法和主要数据分析内容进行了详尽阐述，在此基础上，给出了基于大数据技术的经济责任审计方法的原理，即基于"总体分析，分散核查"的审计思路，借助于大数据技术发现审计线索，获得审计证据。

6. 大数据环境下的联网审计风险控制

联网审计的研究与应用是近年来审计领域的热点问题。大数据时代的到来给联网审计带来了机遇与挑战，有研究者结合联网审计的实现原理以及大数据的特点，分析了大数据环境对联网审计的影响，研究了大数据环境下联网审计面临的风险，并在此基础上，研究了大数据环境下开展联网审计的方法以及风险控制对策。

7. 研究了基于文本数据分析的大数据审计方法

研究如何对文本数据进行分析对开展大数据审计具有重要的应用价值。有研究者根据目前开展大数据审计的需要提出了基于文本数据分析的大数据审计方法，在此基础上，采用计算机编程语言（Python 语言）实现了相似度分析和标签云分析两种可行的文本数据审计方法。

**（二）大数据审计应用发展建议**

1. 加强数据可视化技术在大数据审计中的应用

大数据环境下，采集来的审计数据在数量和复杂度上都给审计数据分析带来巨大挑战，传统的电子数据审计方法，如 SQL 数据查询、统计分析、断号分析、重号分析等虽然也能满足目前电子数据审计的基本需要，但审计过程中，枯燥的数字和难懂的结论严重影响了审计效率以及审计人员对审计工作的热情。大数据环境下审计人员想全面、直观地了解审计大数据，有没有其他更好的方式？能否使审计大数据更易于被审计人员感知和接受，进而降低审计工作的枯燥性？能否利用审计人员对颜色、图形、图像等的感官敏感性，帮助审计人员从审计大数据中发现被审计单位电子数据中的关系、规律和趋势？信息技术的发展促进了数据可视化技术的发展，这为解决以上大数据环境下电子数据审计面临的问题提供了机遇。数据可视化技术有助于审计人员对审计大数据的直观分析，有助于审计人员探索、分析和解释复杂的海量数据。数据可视化技术借助图形化的手段，可以清晰有效地传达与沟通信息，帮助审计人员从审计大数据中快速发现问题，通过数据可视化，提高审计效率，使被审计大数据的分析结果更有意义。

2. 开发通用、易用的大数据审计软件

相对于传统的审计数据分析，审计大数据分析要更复杂一些。目前大数据分析技术还处于发展阶段，现有的大数据技术和工具不能完全解决所有的大数据问题，还需要政府、企业、学术界的共同努力，从软、硬件方面出发，研究解决大数据问题。因此，如何设计高效、实时的审计大数据分析系统是今后开展大数据审计的一项重要任务，这需要我们不断地创新审计技术和审计思路。在开展大数据审计时，应该充分利用大数据技术带来的优势，规避大数据技术带来的风险，根据需要和实际情况选择最佳实施方案。

在开发大数据审计软件时应注意以下问题。

（1）针对不同的需要设计好的系统架构

传统的信息系统架构设计不能满足大数据系统设计的需要，好的大数据系统要有高层次的系统架构设计，但是，即使是一个好的大数据系统架构也不能适合所有的大数据应用。因此，在大数据系统设计初期，针对不同的大数据应用系统，需要设计不同的、合适的系统架构。例如：为了满足大数据实时分析的需要，采用非关系型数据库（NoSQL技术）；为了满足大数据批处理分析的需要，采用 MapReduce 技术。

（2）合理使用不同的大数据分析平台

每一种大数据分析平台都有自己的优势和局限性，没有一种大数据分析平台能够解决所有审计问题，如果审计人员通过使用不同的、合适的大数据分析平台来解决不同的审计数据分析问题，便可充分发现审计证据，降低审计风险。

（3）能够支持多种审计大数据分析方法

目前审计任务多种多样，如企业审计、海关审计、银行审计、税务审计、社保审计、固定资产投资审计等，不同的审计任务需要不同的审计大数据分析方法。为了满足不同行业、不同种类电子数据审计的需要，所设计的审计大数据分析平台需要能支持多种审计大数据分析方法。

**3. 大数据审计促进 CAATs 的发展**

（1）重新定位经典 CAATs 方法

大数据时代的到来使得审计人员再次认识到计算机辅助审计技术的重要性，如 Benford 定律在大数据环境下可以重新发挥重要作用。

（2）在审计软件中扩展经典 CAATs 方法

大数据环境下，传统的 CAATs 存在一定的不足，如缺少对文本文件、社交数据等非结构化数据的分析功能，不能满足大数据环境下数据分析的需要。因此，审计软件中应该增加文本文件、社交数据等非结构化数据的分析功能，从而扩展经典的 CAATs 方法，满足大数据审计的需要。

**4. 尽快制定大数据审计的相关审计准则、规范与指南**

审计准则与规范是审计人员开展审计工作时必须遵循的行为规范与要求，是审计人员执行审计业务、获取审计证据、形成审计结论、出具审计报告的专业标准。审计指南可以为审计人员提供指导性的审计操作规程和方法。为了满足信息系统审计的需要，国外制定了一系列信息系统审计相关的审计准则、规范与指南，如美国全国反欺诈财务报告委员会颁布的内部控制框架、国际信息系统审计与控制协会制定的信息及相关技术控制目标、国际内部审计师协会发布的全球技术审计指南等。尽管大数据审计越来越重要，但目前在制定大数据审计的审计准则、规范与指南方面的工作尚不足，这限制了大数据审计的广泛应用。因此，尽快制定更多、更详细的大数据审计相关审计准则、规范与指南成为今后大数据审计研究与应用的一项重要任务。

# 第三章 大数据环境下的审计人员

## 第一节 审计人员职业道德分析

### 一、审计人员职业道德规范含义

各行各业都有与本行业和岗位的社会地位、功能、权利、义务相一致的道德准则及行为规范。比如做官有"官德"，执教有"师德"，行医有"医德"。"它不仅是从业人员在职业活动中的行为标准和要求，也是本行业对社会所承担的道德责任和义务，是社会道德在职业生活中的具体体现。"职业道德是指从事一定职业的人们在职业活动中所应遵循的道德规范以及该职业所要求的道德准则、道德情操和道德品质的总和。

我国现行的审计准则是《中华人民共和国国家审计准则》，该准则虽然没有对审计人员职业道德给出明确定义，但对审计人员在审计工作中应该具备的资格条件和职业要求进行了全面的规定。如第十四条规定审计人员应该具有"审计独立性""职业胜任能力"，第十五条明确规定审计人员应该具有"严格依法、正直坦诚、客观公正、勤勉尽责、保守秘密"等基本职业道德。

从性质的角度来看，审计人员职业道德是指审计人员从事审计工作应该遵守的职业行为规范；从内容的角度来看，审计职业道德是指审计人员职业品德、职业纪律、专业胜任能力及职业责任。

审计人员职业道德是指审计人员在长期审计工作中逐步形成的应当普遍遵守的行为规范。它可以从道德观念上促使从事审计职业的人们自觉地保持职业上应有的态度和风范，以树立良好的职业形象，赢得社会对审计职业及其人员的尊重和信赖。它是对国家审计人员在职业活动中的行为的规定，也是审计部门对社会所负的道德责任和道德义务。国家审计人员职业道德的基本内容主要包括：严格依法、正直坦诚、客观公正、勤勉尽责、保守秘密。审计署颁布的"八不准"等审计纪律也应属于国家审计职业道德的范畴。

### 二、审计人员职业道德规范作用

#### （一）审计职业道德是国家审计工作人员的灵魂

审计工作质量和审计风险程度的高低，主要取决于审计人员自身的工作能力和愿意付出的努力程度以及其是否愿意真实报告审计查证的事项。其中，审计人员的自身能力主要取决于审计人员的专业判断能力、审计程序、审计技术方法等。所付出的努力以及真实报告审计查证事项的意愿则取决于审计人员的职业道德素养。因此，正确认识审计职业道德，不断加强审计职业道德教育，是提高审计质量、规避审计风险的必然要求。

### （二）审计职业道德能补充审计法规所缺，完善审计规范体系

审计规范包括审计法规和审计职业道德。有些不宜纳入审计法规，但又有必要做出规定的事项，就可以通过职业道德规范来加以约束，如审计人员的精神状态就只能由审计职业道德提出。审计法规是对审计人员的最低要求，审计职业道德则升华了对审计人员的要求。

### （三）审计职业道德是不断增强审计机关审计人员自身品德素养的基础

国家审计职业道德指导审计人员在职业岗位上确立具体的生活目标和职业理想，培养良好的职业习惯，是提高审计人员自身品德及业务素质的基础。

### （四）有利于提高社会整体道德风尚

审计需要职业道德的支持和规范，需要道德精神深入渗透到审计核心的理论和实践中去。拥有良好的职业道德信念，审计人员就能自觉地、正确地调整个人与职业、审计工作与服务对象之间的关系，忠实地履行自己的职责，做到严格依法、实事求是、客观公正地处理问题，以保障审计任务的顺利完成。

## 三、审计职业道德教育建设

审计专业的大学生，是审计队伍的预备人员，是未来我国审计队伍的骨干力量，他们是否具备应有的职业道德，将直接影响到未来审计工作的质量与公信力。加强大学生审计职业道德教育是培养未来审计行业"四有"新人、保证审计队伍人员力量的重要措施。"四有"新人是"有理想""有道德""有文化""有纪律"的工作岗位上的新青年。如果大学生走入工作岗位后，缺乏应有的审计职业道德，极有可能导致其为谋取个人或单位利益而蓄意造假。在高校中开展审计职业道德教育，培养大学生的审计职业情感道德观念和法治观念，可以促使审计队伍预备人员将审计职业道德要求转化为内在的审计职业道德品质，把审计职业道德规范变成未来职业活动中应遵循的信念和标准，这将从根本上提高审计人员的职业道德水准。因此，大学生职业道德教育是审计职业道德教育的基础。

### （一）提高对大学生审计职业道德教育的重视程度

审计职业道德建设的关键在教育，而教育的基础在学校。与审计有关的院校及社会培训机构是进行审计职业教育的主要场所，但这些地方的审计职业道德教育十分薄弱，甚至缺失，所以必须进一步深化审计职业道德教育改革。第一，可以在高校中专门开设审计职业道德教育必修课程，将职业道德教育纳入审计专业教学体系中，由具有实践经验的专业教师任教，并编写相应的配套教材。第二，可以提高高校审计职业道德教育的课时比例，将理论教学与实践教学相结合，并适当提高实践教学的课时比重，只有这样才能把审计职业道德教育贯穿到整个教学过程中，才能真正提高学生的审计职业道德素质，才能为今后的审计工作奠定良好的道德基础。

### （二）加强师资队伍建设，发挥教师示范作用

教师是"传道授业解惑"的，此"道"既有技能、本领之道，也有做人、立身之道。教师的言传身教对学生思想观念和职业道德的形成起着至关重要的作用。要充分发挥专业课教师的渗透作用。每一位专业课教师都要做到既是专业课教师，也是思想政治、道德品质教育教师，努力把职业道德培养和职业能力培养紧密结合起来，把专业知识、技能教学与职业道德教育融合在一起，除了要突出技能教育，突出实验、实训和动手能力培养外，还要深入发掘各类专业课程知识点中蕴含的职业道德因素，在传授专业知识的过程中加强审计职业道德教育，增强学生的职业道德修养，提高职业道德意识，培养学生爱岗敬业、诚实守信、办事公道、奉献社会的精神和严谨求实的作风。

### （三）注重发挥思想政治理论课的主渠道作用

没有职业道德理论指导的职业道德教育是难以达到预期效果的，只有具有充分说服力和强烈感染力的职业道德理论在审计院校学生中传播、生根，才有助于树立观念、确定理想和培养职业道德风尚。也就是说，社会主义职业道德意识不能自发地产生，必须把思想政治理论课作为职业道德教育的主渠道、主阵地，以此为基础，与时俱进，贴近实际、贴近生活、贴近学生，有针对性地对大学生进行审计职业道德理论教育，用科学的职业道德理论武装头脑，努力培养学生成为社会主义事业的建设者和接班人。

## 四、审计人员职业道德具体表现

### （一）严格依法，实事求是

#### 1. 严格依法、实事求是的核心内涵

（1）职权法定

审计监督权来源于法律赋予的权力，法律没有赋予审计机关的权力，审计机关就不得行使，这是严格依法最基本的要求。审计机关的职权法定，就要求审计机关的一切权力必须有相应的法律依据。职权法定要求科学界定审计机关的职权，如果审计机关的职权界定不科学，严格依法审计就会失去方向。当前，审计机关的审计范围涉及经济社会发展各领域和国家治理各环节，国家审计已经成为党和国家监督体系的重要组成部分，而且发挥着不可替代的作用，但是审计机关的职权也是有边界的，从法律授权的角度看，审计机关无权实施法律授予其他部门职权范围内的行政行为。

（2）法律优先

严格依法要求审计行为必须有依据，从审计监督的行权依据方面看，必须坚持法律优先的原则。我国除了宪法、法律、行政法规外，还存在地方人大制定的地方性法规、国务院部门制定的部门规章、地方政府制定的地方规章以及地方政府制发的其他规范性文件等。在上述各种不同层级的规范性文件并存的情况下，要做到法律优先。在审计工作中，如果发现不同层级的规范性文件存在冲突、抵触、不一致的情况，审计机关必须优先适用上位法。

（3）程序正当

程序正当是严格依法的一项重要要求，严格依法要求审计机关及审计人员树立程序意识。行政程序的作用不仅仅在于提高效率，更在于规范审计行为，保证公平，克服审计行为中的人为因素，排斥主观因素，确保审计机关的行为合法、结论准确、处理恰当。严格依法要求审计机关的审计程序要公开、公平、合理，法律规定的程序不能删减、顺序不能倒置。全体审计人员应该深刻认识到，树立程序意识，做到程序正当，不仅仅是为了约束审计机关和审计人员的行为，而且可以起到化解矛盾、提高效率、保护审计人员等作用，是严格依法审计的重要保障。

（4）实事求是

实事求是要求审计人员做到不先入为主、不夸大或缩小，客观公正地反映审计事实，得出审计结论。若要使审计权威得到树立，在审计工作中必须加强调查研究，坚持客观公正，实事求是，防止出现违背法律公平意愿的结果，真正做到依法审计。实事求是中国共产党的思想路线，是中国特色社会主义理论体系的精髓和灵魂。我们在实施审计时，通过查阅会计账簿和有关资料、询问、调查取证等审计方法，对被审计单位财政财务收支等行为的真实、合法、效益取得较全面的了解，然后透过现象探究本质，发现被审计单位违反法律法规的问题，得出审计结论。这个过程本身就是一个实事求是的过程，要求审计人员做到不先入为主、不夸大、不缩小，客观公正地反映审计事实，得出审计结论。审计程序中的一个重要环节——审计报告征求意见，很好地体现了实事求是的精神，有助于更加全面地了解审计事实，防止审计人员由于主观片面性得出错误的审计结论，保障审计事实的客观性。

2. 坚持严格依法的重要意义和作用

审计机关开展审计工作，以法律法规为依据行使审计监督权，不仅是因为审计机关的职责和权限来自宪法和法律，还因为这在最大程度上保障了审计结果的公正性。坚持在法定的职权范围内开展审计工作，以法律法规为审计定性和处理的依据，是审计机关维护财经法纪、促进社会协调发展的重要保障。当前各种新事物、新问题层出不穷，某些旧的规章制度已经不适应经济发展的需要，法律规章存在滞后性和不完善性，甚至出现无法可依的情况。但是，决不能以此否定严格依法的原则，要坚持问题导向，对审计发现的严重损害国家和人民利益的重大违法违纪、重大损失浪费、重大风险隐患等问题，始终坚持严格依法。

3. 原则性与灵活性的统一是坚持严格依法、实事求是的客观要求

在审计实践中，既要坚持原则性又要坚持灵活性，这是坚持严格依法的客观要求。审计的原则性是指审计机关应依据国家的法律法规和政策对被审计单位进行审计监督，做出审计结论和处理意见时，要以事实为依据，以法律为准绳。审计的灵活性是指审计机关要从实际出发，公正客观地分析问题产生的原因，以做出正确的审计结论，杜绝对审计客体的问题未进行理性的分析而进行简单处理的行为。坚持原则性与灵活性的统一，

就要做到具体问题具体分析，历史、全面、客观地看待审计中发现的问题。在审计实践中，审计人员经常会遇到合理却不合法、合法却不合理，或者一些问题并没有具体的法律法规与之对应的情况。对于这些问题，如果不加以具体分析研究，生搬硬套法规条文，忽视现实经济生活复杂性和发展性的特点，就背离了实事求是的原则，不利于正确处理和解决经济生活中的矛盾，也不利于鼓励创新和增强经济活力。例如，在"三农"资金审计中，部分贫困县在收到上级转移支付的"三农"资金后，将专项资金进行了统筹，在不同支农项目之间串用，用于弥补地方配套资金的不足。对于此类问题就应从实际情况出发，不能单纯定性为挪用，要求将资金归还原渠道。而应考虑到贫困县财力紧张的实际困难，将着眼点落在"三农"资金是否真正用在"农"上，是否有利于促进当地农业经济的发展，是否存在损害农民利益的问题。

### （二）正直坦诚，廉洁自律

**1. 正直坦诚、廉洁自律是国家审计人员必备的品质**

国家审计人员代表国家从事审计工作，行使审计监督权，为人民服务。因此，对其掌握的权力，必须加以严格约束，以防止其滥用职权，损害国家和人民群众的利益。同时，国家审计人员属国家公务员序列，《中华人民共和国公务员法》明确规定了国家公务人员的义务，并规定强制性条款，如不履行义务必须承担相应责任。清正廉洁、公道正派是国家公务员的基本义务之一。实现公务员的清正廉洁是党和国家的一贯要求，是维护党和政府的良好形象，加强党和政府同人民群众联系的重要措施。公务员代表国家执行公务，其权力是人民授予的，属于其所在的职位，不是属于个人的。公务员必须建立正确的权力观，正确运用手中的权力，为公共利益而工作，而不能利用职权搞不正之风，谋取私利。《中国共产党廉洁自律准则》对党员领导干部提出了更高、更严的要求，它要求党员领导干部带头践行廉洁自律规范。

**2. 不断提高国家审计人员的廉洁自律意识，锻造"审计铁军"**

提高思想认识，努力改造自己的主观世界。国家审计人员要树立正确的人生观、价值观和世界观。要淡泊名利、消除攀比心理，时刻保持阳光心态。同时，要以反面典型为镜子，认真自重、自省、自警、自励，珍惜现有的工作环境，筑牢思想道德防线。

坚持正确用人导向，打造勤廉双优审计队伍。认真贯彻执行干部选拔任用规定，及时完善干部选任办法，实行选拔阳光操作，健全监督机制，切实保证选任工作的客观公正，把敢于负责、勇于担当、干事创业、勇于创新的干部用好，打造一支廉洁高效、富有战斗力的审计队伍。

强化监督问责，严守审计纪律"八不准"。坚持用审计别人的标准来要求自己；建立审计项目会审制、审计公开制、监督回访制，进一步完善廉洁从审制度。依法公开审计事项和审计权力运行流程，对审计队伍中有滥用职权、玩忽职守、贪污贿赂、腐败堕落的违纪违法行为，发现一起查处一起，决不姑息。

### （三）客观公正，积极稳健

**1. 保持客观公正、积极稳健的态度，恰当地做出审计评价**

客观公正是审计职业道德的核心，保证审计主体的客观公正，既是社会进步的客观要求，也是经济建设科学决策的必然要求，更是审计自身发展的内在要求。客观，一是指不依赖主观意识而存在的事物，二是指按照事物的本来面目去看待问题、看待事物。公正，是指公平正直，没有偏私和偏见。客观公正指的是人们不加个人偏见、公平正直地按照事物的本来面目看待和处理问题。对国家审计人员来说，客观公正就是应当保持客观公正的立场和态度，以适当、充分的审计证据支持审计结论，实事求是地做出审计评价和处理审计发现的问题。

积极是指审计人员要发挥主观能动性，努力进取，使审计工作认真到位，而稳健是指办事稳重，不轻浮冒失。积极稳健对审计人员的要求就是既要主动进取，又要稳健有序。在审计工作中，审计人员既要本着积极的态度、勇于开拓，又要循序渐进，在客观情况允许的条件下，脚踏实地地做好每一项工作，最大限度地防止和避免审计风险。尤其是新时代国家审计的范围比以往扩大很多，审计工作任务重、时间紧，审计人员在工作中要协调好积极与稳健的关系，争取把审计工作做得又快又好。

由于审计是独立检查会计账目，监督财政、财务收支真实、合法、效益的行为，国家审计人员要依法对公共资金、国有资产、国有资源管理、分配、使用的真实、合法、效益情况，以及领导干部履行经济责任和自然资源资产及生态保护责任情况进行独立监督活动，因此，客观性在审计工作中具有特别重要的意义。审计人员根据审计机关的指派依法独立进行审计，要求对有关事项的调查、评价和判断，必须基于客观的立场，以客观事实为依据，既不能掺杂个人的主观意愿，也不能为被审计单位及其主管部门的意见所左右。在分析问题、处理问题时，不以个人的好恶或成见行事。要做到这一点，必须具备正直、诚实的品质，公平公正地对待被审计单位、其主管部门及其他关系人。

审计是一项经常性的监督制度。在审计工作中，审计人员既要肯定成绩，又要揭露问题，应力求查清查实被审计单位存在的正反两个方面的情况，对被审计单位或事项作出中肯、恰当的评价或决定，把审计工作落到实处。

**2. 客观公正、积极稳健的基本要求**

要坚持客观公正、积极稳健的职业道德，审计人员必须具备良好的素质。《国家审计准则》指出，审计人员执行审计业务，应当具备必需的职业胜任能力，具备与其从事审计业务相适应的专业知识、职业能力和工作经验。审计机关应当建立和实施审计人员录用、继续教育、培训、业绩评价考核和奖惩激励制度，确保审计人员具有与其从事业务相适应的职业胜任能力。除了专业能力，审计人员也要加强职业道德教育，在审计工作中做到保持客观公正的立场和态度，不掺杂个人主观意愿，也不为被审计单位及其他人的意见所左右，实事求是地做出审计评价和处理审计发现的问题。

国家审计人员能否做到客观公正、积极稳健，并不完全取决于审计人员自身，还取决于被审计单位和有关人员的配合。习近平总书记在中央审计委员会第一次会议上强调，各地区各部门特别是各级领导干部要积极主动支持配合审计工作，依法自觉接受审计监督，认真整改审计查出的问题，深入研究和采纳审计提出的建议，完善各领域政策措施和制度规则。因此被审计单位配合工作是审计人员保持客观公正、积极稳健的基本要求之一。如果没有被审计单位的配合，并提供必要的工作条件，可以说审计工作根本无法进行。如在初次审计调查时，被审计单位就不愿意接待，不愿意提供真实的资料，不愿意介绍基本的情况，审计人员就很难具体而恰当地安排何时进点审计，由谁审计，审计什么。假如在审计进点后有关财务主管人员等借故不予面谈，不介绍必要的情节，甚至有的经办人员故意转移、隐匿、篡改、毁弃会计账目资料，虽然这是违法的，一经查出，应予追究，但也必然增加审计的难度，审计人员就很难客观公正、积极稳健地去揭示和处理问题。因此被审计单位要增强法治观念，依法办事，不采取诸如此类的不正当甚至是违法的行为，创造更加宽松的环境，保障审计人员客观公正、积极稳健地开展审计工作。

### （四）勤勉尽责，忠于职守

#### 1. 勤勉尽责、忠于职守，做合格的国家审计人员

勤勉尽责，要求审计人员保持积极向上的工作态度，以爱岗敬业、勤勉高效、严谨细致、争创一流的工作标准，努力把自己培养成查核问题和分析研究的能手、精通管理和善于服务的高手、擅长建言献策当好谋士的行家里手，认真履行审计职责，保证审计工作质量，提升审计工作绩效。忠于职守，就是热爱、忠诚于自己的工作岗位，尽力地遵守自己的职业本分，具有为人民服务的敬业和奉献精神。在工作中做到做老实人，说老实话，办老实事，时时处处以客观真理为依据，实事求是，绝不颠倒是非。忠于职守与热爱本职工作相互统一，审计人员没有对自己所从事的工作岗位的热爱，就不可能自觉地忠于职守。但是，只有热爱之情，而无忠于职守的实际行动，没有在本职岗位上脚踏实地的辛勤工作，就不可能创造出一流的工作业绩。一般来讲，审计工作成就的取得，不仅需要审计人员有工作热情，喜爱自己所从事的工作，而且需要审计人员在本职岗位上把自己的知识、能力转化为工作成果。审计人员忠于职守的前提是拥有与审计任务相适应的能力，因此执行审计业务时，应当合理运用职业判断，保持职业谨慎，对被审计单位可能存在的重要问题保持警觉，并审慎评价所获取审计证据的适当性和充分性，得出恰当的审计结论。

基于勤勉尽责、忠于职守的职业道德要求，审计人员在工作中必须认真严谨，细致高效，认真行使自己手中的权力，保证审计质量和效果。优秀的审计人员必须具备良好的职业敏感性，在发现问题时，能够迅速从蛛丝马迹中找到问题所在，要有洞察力，找到解决问题的着眼点，要有高度的综合判断能力，要从微观层面进行甄别，更需要从问题的宏观层面进行剖析，分析问题的产生和发展脉络，在统筹分析的基础上对所掌握的材料进行高度的概括和总结，做到对问题进行准确的处理，提出有价值的意见和建议。

### 2. 实现勤勉尽责、忠于职守的途径

新时代我国已全面开启依法治国新篇章，国家审计人员要做到勤勉尽责、忠于职守，首先，要努力学习有关法律知识，尽可能多地掌握财经法规的相关内容。社会主义市场经济从一定意义上说是法治经济，审计监督是依法审计。审计人员要做到忠于职守，较好地完成工作任务，必须掌握相关的法律和财经法规。可以说，法律和财经法规是审计人员依法审计的尺度，是判断是非的标准，也是审计处理问题的客观依据。只有较好地掌握法律知识，才能做好审计工作。

其次，审计人员要提高自身的业务能力，一要在实践中加强锻炼，二要靠组织上的培养和教育。各地审计部门制订了相应的审计干部教育规划，其主要内容包括：构建涵盖政治思想、领导能力、专业能力和综合能力的内容体系，拓展教育培训的深度和广度；综合运用视频网络、专题培训、理论研究、干训结合和自主学习等培训方式，丰富培训渠道，创新培训方式；完善教育培训配套制度、考核评价激励约束制度，强化教育培训制度保障，有效提升教育培训的质量和效果。通过培训，审计人员的理论知识将得到较大的提高，从而能够更好地开展工作，以适应形势发展的需要。除了培训，审计人员更要注重在实践中积累经验，提高水平。实践出真知，处在审计第一线的工作人员往往会在实践中摸索和创造出许多课本中得不到的经验。广大审计人员只有尽可能多地深入到审计工作第一线，积极开拓，大胆实践，勇于进取，才能创造出更多、更好的经验，同时也使自己在实践中得到锻炼和提高。只有不断实践，对实践中遇到的具体问题进行具体分析，提出自己的意见和解决的办法，才能把任务完成好，并且不断提高工作水平。解决实际问题的能力不是天生就有的，主要办法只有一个，就是在实践中锻炼，在工作中学习，自觉地不断进行总结，同时注意学习前人的经验并灵活加以运用，这样才能逐步提高审计业务能力。

最后，要建立健全审计人员考核、奖惩、晋升等制度，这是促进审计人员勤勉尽责、忠于职守的制度保证。严格执行这些制度，是保证审计人员勤勉尽责、忠于职守的客观需要。

对审计人员的考核，是指审计机关根据法定管理权限，对审计人员工作或业务成绩的质量、数量及其能力、品行、学识、性格、健康等状况进行考查审核。考核是为了客观评价审计人员履行岗位职责的情况，为审计人员的奖惩、任用、培训等提供依据。考核的原则是民主公开，客观公正，力求做到领导与群众、定性与定量、平时与定期相结合。考核的内容应以履行岗位职责和完成年度工作目标为基本依据，内容包括德、能、勤、绩四个方面。对审计人员的奖惩是指国家审计机关在行政管理活动中，依据有关法规给予表现突出或有特殊贡献的审计人员荣誉或物质的奖励，给予玩忽职守、违法乱纪的审计人员行政处分，以鼓励先进，调动审计人员的积极性和创造性，防止和纠正审计人员的违法失职行为，保证国家审计机关有秩序、高效率地工作。

总之，建立健全和严格执行审计人员考核、奖惩、晋升等制度，有利于实现审计人

员队伍的优化，使这支队伍保持勤勉尽责、忠于职守的良好状态；有利于调动审计人员的积极性和创造性，激励他们努力工作，积极进取，为国家献身；有利于人才的合理使用，充分发挥广大审计人员的聪明才智，促使他们发扬优点，克服缺点，积极向上，努力提高自身素质，提高工作效率。

### （五）保守秘密，维护利益

#### 1. 保守秘密，维护国家利益

保密工作是关系党和国家安全、利益的一项非常重要的工作，在《国家审计准则》中，保守秘密就是审计人员应当保守其在执行审计业务中知悉的国家秘密、商业秘密；对于执行审计业务取得的资料、形成的审计记录和掌握的相关情况，未经批准不得对外提供和披露，不得用于与审计工作无关的目的。在审计工作中，特别是国家审计机关的审计人员，涉及的秘密通常有三类：一是国家秘密；二是被审计单位的商业秘密；三是审计秘密。

按照《中华人民共和国保守国家秘密法》的定义，国家秘密是指关系国家的安全和利益，依照法定程序确定，在一定时间内只限一定范围的人员知悉的事项。而审计人员依法对国家财政经济活动进行监督检查，工作中不可避免地涉及国家秘密。例如，财政审计中会接触到财政预决算情况，行政事业审计会接触到政府行政管理方面的秘密，等等。按照《中华人民共和国保守国家秘密法》的规定，一切国家机关、武装力量、政党、社会团体、企业事业单位和公民都有保守国家秘密的义务。除国家秘密外，审计人员在工作中还会遇到被审计单位大量的商业秘密。所谓商业秘密，是指关系被审计单位利益，在一定时间内只限一定范围的人员知悉的事项，如产品定价、广告计划以及成本数据，等等。由于审计工作的需要，审计人员不可避免地知悉被审计单位的许多信息，如果将这些信息泄露出去，势必影响被审计单位的根本利益。因此，审计人员，包括国家审计人员和民间审计人员，都要严格保守审计工作中所知悉的被审计单位的商业秘密。审计秘密指审计工作过程中所形成的、在一定时间内只限一定范围内的人员知悉的事项，包括审计中发现的问题或线索、草拟中的审计决定、审计工作底稿等。在出具审计报告或下达审计决定之前，不能随意把将下达什么样的审计决定以及在审计机关内部有关审计决定的讨论情况泄露给被审计单位。

国家审计机关要对国家财政收支或者国有金融机构和企业事业组织的财务收支的真实合法和效益，依照法律规定的职权和程序进行审计监督，这种工作性质和任务决定了审计人员了解和掌握党和国家经济、政策、商业秘密的机会比较多，容易出现泄密事件。在社会主义市场经济条件下，商业秘密的泄露，不仅损害被审计单位的利益，同时也损害国家的利益。因此审计人员进行审计工作时要在公正反映被审计单位的基本情况，揭露和查处其违反国家财经法规的问题，维护良好的社会经济秩序和国家财经法规的严肃性的同时，保护好被审计单位的秘密。

**2. 增强保密意识，加强对保密工作的领导**

审计人员应不断提高对保密工作的认识，加深对保密工作的理解，从思想上高度重视，增强保密意识。在日常工作中，要时刻注意遵守审计保密纪律，做到"不故意、不疏忽、不打听"，防止任何形式的泄密。审计是搜集证据进而做出判断和处理的过程。在这一过程中，必然会获知一些国家秘密或被审计单位的商业秘密。审计人员获知这些秘密是为了作出判断和处理之用，绝不能为了个人或单位、地方的利益而将其泄露出去，别作他用。

审计人员在生活中要严格约束自己的言行，不说一切有可能泄密的话。还要妥善保管好一切文件、工作底稿等档案资料，不能让与本项审计无关的人员接触、查看和利用这些档案资料，做到档案资料不失控、不丢失、不泄密。疏忽大意的行为常常会造成泄密，必须严加防止。

审计人员不仅要保守自己在审计工作中所获知的国家秘密或被审计单位的商业秘密，而且要做到不向其他审计人员打听自己不应当知道的秘密。违反纪律，互相打听自己不应知道的秘密或者道听途说，很容易在审计人员之间及审计机关内部形成无密可保的不良风气，从而削弱审计人员及审计机关整体的保密能力。相反，不向其他审计人员打听秘密，则会形成互相尊重、互相督促的良好风气，提高审计人员及审计机关整体的保密能力。

切实加强对保密工作的领导，一要强化组织机构，成立保密领导小组，落实一名主要领导分管保密工作，选择政治素质高、责任心强的审计人员具体抓保密工作，把保密工作提上重要议事日程，真正担负起领导本机关、本系统保密工作的责任；二要健全制度，结合《中华人民共和国保守国家秘密法》和《审计工作国家秘密范围的规定》等有关规定，制定相应的制度，严格把关，防止泄密事件的发生；三要明确分工，按照"分级管理，逐级负责"的原则，业务工作管理到哪一级，保密工作也要管理到哪一级；四要督促检查，定期了解和掌握审计工作中的保密情况，及时解决保密工作中存在的问题，重点检查保密工作领导责任制的落实情况，并将其作为干部考核的重要内容。

本节我们主要以国家审计人员的职业道德分析来进行，此外还有其他类型审计人员的职业道德，不过其主要内容都大同小异，这里不过多赘述。

# 第二节　大数据环境下的审计人员与注册会计师

## 一、大数据背景下审计人员的基础能力

在全球经济网络化的环境下，审计人员虽然在使用计算机时给工作带来了方便高效，但由于被审计单位的账务及管理信息系统日益复杂，也使审计人员面临着巨大的挑战。审计人员首先要学会如何使用计算机，如何在网上取证，如何寻找审计线索，等等。因此，在大数据背景下，审计人员除了具备基本的理论知识以外，还要具备较高的计算机应用

技能及网络审计能力。

### （一）审计理论知识

#### 1. 会计专业知识

审计人员的会计专业知识水平的高低对审计工作起着举足轻重的作用，它在一定程度上影响着审计工作质量的提高。因此，作为一名国家审计人员一定要掌握《基础会计》《中级财务会计》《高级财务会计》《成本会计》《预算会计》《管理会计》《财务管理》等会计专业知识，通过审查企业财务报表数据，对企业过去的财务状况和经营成果进行剖析，运用财务分析方法对企业偿债能力、营运能力、盈利能力进行分析，来反映企业经营过程中的利弊得失及未来发展前景，为改进企业财务管理工作提出合理化建议和措施。

#### 2. 审计专业知识

（1）熟练掌握并灵活运用各种审计方法

审计方法选择恰当与否，不但会直接影响到审计工作效率的提高，而且还会对审计质量、结果产生很大影响。因此，作为一名国家审计人员必须熟练掌握各种审计方法，如审阅法、核对法、查询法、比较法、分析法、顺查法、逆查法、详查法、抽查法、盘点法、调节法、观察法等。

（2）熟知并在实践中实施审计全过程

就国家审计而言，审计实施阶段可划分为三个阶段：审计准备阶段、审计实施阶段、审计终结阶段。

审计准备阶段：其工作主要包括：①了解被审计单位的基本情况。②与被审计单位签订审计业务约定书。③初步评价被审计单位的内部控制制度，分析审计风险。④编制审计计划。

审计实施阶段：审计实施阶段是审计全过程的中心环节，其主要工作是：①按照审计计划要求，对被审计单位内部控制系统的建立及其遵守情况进行检查。②对会计报表项目实施重点、细致的检查。③收集审计证据并编制审计工作底稿。

审计终结阶段：审计终结阶段是报表项目审计工作的结束。其主要工作有：①整理、评价审计过程中收集的审计证据。②复核审计工作底稿。③评价审计结果。④编写审计报告。

#### 3. 法律法规知识

审计人员发现被审计单位有违反国家规定的财政收支、财务收支行为需要依法定性时，国家法律、法规和行业的规章制度显得尤为重要。因此，作为一名国家审计人员一定要熟悉国家的法律法规和行业的规章制度，如《审计法》《会计法》《预算法》等，做到对问题的定性客观、准确、适当、合法。应从以下几个方面把握：一是定性依据要注意法律、法规的层次性。法律、法规范围广，有国家立法机关制定的法律，有国务院颁布的行政法规，有地方立法机关和行政机构制定的地方性法律、法规，有行业、部门制定的规章制度,层次越高的政策法规覆盖面越大,宏观指导性越强,而政策法规的层次越低,其针对性、适用性越强。在具体引用时,应从实际出发,具体问题具体对待,一般情况下,宜从低层次向高层次选择,若遇到低层次法规与高层次法规相抵触时,应适用高层次法规。二是要注意法律、法规的时效性。审计定性时,应以审计事项发生时适用的法规、制度作为衡量标准,而不能以现时或过时的法规、制度作为衡量标准。三是要注意法律、法规的地域性。有些法规只在一定的地区有效,不能把其他地区制定的地方性法规作为本地区审计定性的依据。

### (二)计算机应用能力

#### 1. 掌握现代审计方法的一般技术与方法

基于信息化背景下,审计人员除传统审计的内容外,还增加了对会计信息系统本身等审计内容,包括系统内控存在性、合理性,开发过程的标准化、规范化及应用程序、数据文件等审计内容,这些内容很难用传统审计方法来完成。因此,要完成现代计算机审计任务,除传统技能外,必须掌握包括审计软件应用辅助法、程序流程图检查法、嵌入审计程序法、数据模拟检测法、程序指令检查法等审计方法的使用,这有助于审计人员更好地适应信息化审计工作。

#### 2. 了解会计信息系统的功能结构及运行管理

对会计信息系统的生产过程或者说数据处理流程及控制活动的了解是成功实施现代审计的重要基础。一个胜任的审计人员只有充分了解会计信息系统的功能结构及内部控制,才能发现可能存在的控制漏洞或薄弱环节,避免陷入"黑匣子"的陷阱,从而为降低审计风险提供支持。因此,审计人员必须熟悉会计信息系统,掌握其基本操作方法,充分了解其功能结构、数据流程及控制点,使会计信息系统的数据处理由"黑匣子"变为"白匣子",从而有利于保障审计质量。

#### 3. 具备利用计算机工具进行一定的数据处理与分析能力

内部审计的信息化离不开信息技术的应用,除了具备一定的计算机基础及网络知识外,还需应用具备专用审计软件、数据库技术、Excel工具等技术的应用能力。如Excel工具具有强大的表处理能力,便于数据的处理分析,数据库技术便利了审计数据的查询检索、分析、复核与检查。又如网络通信技术的发展使得审计人员突破时空的限制,可以随时随地获取审计数据和对被审计单位进行远程联网审计。

这些计算机工具将使审计人员很方便地对数据进行查询、筛选、分析,从而将大大地提高审计效率与效果。

#### 4. 会计数据的获取与转换能力

传统审计以凭证、账簿、报表纸介质的会计数据为基础,而在现代会计信息系统中,数据都以电子文件的形式存放于计算机系统中。现代审计不可能绕过计算机,掌握一定的数据获取及转换处理方法,能及时方便地获取被审计单位的会计数据并为审计所用,是开展现代审计的基本能力。

### （三）网络审计能力

审计不仅要提高人才素质，还要提高本身的硬件，例如计算机审计软件，要完善计算机业务系统。审计机构应当根据业务的特点进行计算机软件的开发，尤其是对业务系统风险，审计风险控制方面的开发。目前互联网财务分为财务软件和理财软件。网络财务软件的特征：一是网络财务管理模式；二是网络计算的技术支架；三是软件产品与服务网站实现零连接；四是用户化的知识管理与知识互享。网上理财服务有提供网络财务应用服务、专业网站的经营和财务数据安全屏蔽。如果对这些软件应用了如指掌，并且能够应用在审计上将给审计工作带来很大的便利。

## 二、大数据背景下的注册会计师

### （一）注册会计师的职业特点

西方国家存在一种由来已久的认识，即注册会计师和医生、律师并称为三大令人尊敬的职业，拥有较高的社会地位。这三种职业的从业人员均需要具备复杂的知识体系，经过严格的筛选程序，保持良好的职业道德，方可胜任。注册会计师与其他两种职业有着明显区别，主要表现为服务社会公众、坚守职业道德等方面。

#### 1. 承担服务公众的责任

注册会计师职业最显著的特点是对社会公众负责。社会公众对注册会计师的依赖赋予了注册会计师对公众利益的责任，这种公众利益应当是作为注册会计师专业服务对象的所有人员和机构的共同利益。尽管注册会计师的委托人可能是董事会或管理层，而且要收取审计公费，但是注册会计师担负的责任是服务社会公众的责任。因而，注册会计师既不能以委托人利益为唯一目标，也不能单纯追求其本身所得最大化，而只能以公众利益作为执业的目标。

#### 2. 具备复杂的、持续更新的知识体系

现代社会处于不断变化、充满挑战的高速发展阶段。现代信息技术的发展，不仅提高了经济交易的复杂程度，而且也促进了审计技术的不断深化，对审计行为产生了深远影响。任何一个非专业人员，不通过系统的、较长时间的培养，根本无法理解和判断注册会计师是否恪尽职守。特别是风险导向审计的发展，从客观上要求注册会计师必须掌握复杂的知识体系。审计师需要持续不断地更新现有知识体系，以满足客户需求。随着受托责任的扩展，审计师面对的服务对象也在实时更新，对审计师的知识体系也提出了更高的要求。

#### 3. 严格的准入门槛

由于审计师承担公众利益的受托责任，需要具备扎实、复杂的知识体系，为了确保执业质量，各国对审计师职业的准入提出了严格的标准。

根据我国注册会计法的规定，要取得注册会计师证书，必须参加全国统一的注册会计师考试。考试成绩合格者还必须加入会计师事务所工作，具有两年审计工作经验，并

符合其他条件，方可批准注册，发给注册会计师证书，执行注册会计师业务。注册会计师在取得执业资格后，必须遵守职业道德规范，恪守独立、客观、公正的原则，并以应有的职业谨慎态度执行审计任务，发表审计意见。

世界上其他国家为了保证审计工作质量，保护投资者合法权益，维护注册会计师职业在公众心目中应有的权威性，都制定了较为完善的注册会计师考试和注册制度。具有执业资格，是注册会计师提供专业服务的基本要求。

### 4. 坚守职业道德

注册会计师的最终产品就是赋予财务报表公信力。如果失去公众的信任，经审计的财务报表与未经审计的财务报表之间便没有分别，注册会计师职业也就失去了存在的价值和意义。但是，在审计制度安排方面，审计师主要从被审计单位获取报酬，这种获取收入方式深刻影响了审计师的职业道德，尤其是独立性。对于这一问题，理论界和实务界均发起了多次讨论。

当注册会计师为社会提供服务时，必须担当起服务社会的责任，凭借其精湛的专业知识和业务技能，以独立、客观的身份发表公正的意见，维护职业和行业的良好形象，从而实现守身立业和蓬勃发展的目标。因而，注册会计师作为一项公共的专门职业，建立其职业道德准则是该职业内在的、必然的需要。

### （二）"互联网+"注册会计师的构建

在"互联网+"时代，互联网对注册会计师行业的发展是至关重要的，足以引起注册会计师行业的高度重视。构建"互联网+注册会计师"是提升中国财报可信力，是维护国家经济安全以及提升国家软实力的重要组成部分。

### 1. 审计平台和审计模型的演进

像其他行业一样，注册会计师传统上是以纸笔工作，一般称之为纸上审计。随着信息技术的发展和计算机的普及，以单机版审计辅助软件为支持，注册会计师实现了在计算机上工作，进入了机上审计阶段。"互联网+"意味着网上审计的开启。

在网上审计的环境下，注册会计师不到办公室就可以工作，可以适时审计。审计对象的财务和经营等数据可以实时通过网络传递。

从纸上审计到网上审计，更带来审计理念和模型的变化。现代审计发展100多年来，从最早的抽样审计，到制度基础审计，到今天风险导向审计，其基本脉络就是在资源、技术有限条件下达到揭示风险的目的。互联网技术的发展，使注册会计师相当一部分的工作，甚至包括部分职业判断的工作能够交给互联网，突破人处理数据能力的上限。换句话说，以前束缚注册会计师审计的人力和技术障碍，已经被互联网弥补了。比如通过互联网技术，在很短时间内就能够把被审计对象的整体数据梳理甄别一遍。

"泛审计"指的是注册会计师不仅可以审计财务报告，还可以审计企业整个信息系统。近来大家讨论较多的对云的审计，就是"泛审计"的题中之义。

2."互联网＋注册会计师"的动力

注册会计师行业同志对"互联网＋"尚缺乏应有的重视。这一状况应当改变。"互联网＋注册会计师"的意义，至少有 3 个方面：

一是国家间的竞争。一个国家的信息系统安全是国家竞争力的重要方面和软实力的体现。一个国家的资金市场是否安全稳定并且可持续，是资金能否到达这个国家的重要因素。"互联网＋注册会计师"应当上升到中国财务信息的公信力、国家经济安全和国家软实力的高度来认识。

二是业态间的竞争。"互联网＋注册会计师"能否实现，关乎着注册会计师行业会否被别的业态替代。

三是会计师事务所间的竞争。在中国几千家事务所之中，已经有事务所开始做这样的工作，谁早上互联网，谁就会早日踏上新的发展平台。

3."互联网＋注册会计师"的行动主体

打造"互联网＋注册会计师"，行动主体是注册会计师。

中国注册会计师协会也有责任在打造"互联网＋注册会计师"中发挥引领作用。目前，中注协正在升级行业管理系统，制定注册会计师行业信息化发展的五年规划，其中要对"互联网＋注册会计师"作出原则安排，并明确各方的责任。中注协鼓励会计师事务所搭设网上审计平台，更鼓励注册会计师行业和市场合作，支持信息技术提供商开发基于大数据的审计平台。让我们共同努力，共同打造"互联网＋"注册会计师版。

# 第四章　大数据环境下的审计风险

## 第一节　风险审计概述

### 一、风险审计的定义

国际内部审计师协会（Institute of Internal Auditors，IIA）的《内部审计实务标准》（以下简称《标准》）指出，"首席审计执行官必须建立以风险为基础的计划来决定审计活动的优先性，并且与公司目标相协调一致""内部审计活动的参与计划必须以至少一年一次的风险评估为基础"。IIA 的《标准》对内部审计的定义是：内部审计是采用一种系统化、规范化的方法来对机构的风险管理控制及监督过程进行评价进而提高它们的效率，帮助机构实现目标的活动。依据 IIA 的精神，综合以上理论，我们在此给出企业风险审计的定义：企业风险审计是企业内部审计部门采用一种系统化、规范化的方法，开展以测试企业风险管理信息系统（Risk Management Information System，RMIS）、各业务循环及相关部门的风险识别、分析、评价、管理、处理等为基础的系列审核活动，对机构的风险管理、控制及监督过程进行评价，进而提高它们的效率，帮助机构实现目标。

### 二、企业风险审计的目标

企业首席审计执行官（Chief Audit Executive，CAE）及有关审计人员在确定风险审计目标时，应该结合组织需要的重要程度、迫切程度，从企业实际环境条件出发，参考自身的能力和资源，合理安排。

企业风险审计的目标分为总目标和具体目标。

#### （一）企业风险审计的总目标

企业风险审计的总目标是指审计主体通过审计活动所期望达到的境地或最终结果。企业风险审计的总目标是审计部门和审计人员按照组织风险管理方针和策略的部署，以风险管理目标为标准，审核被审计部门在风险识别、评价、管理等方面的合理性和有效性，使组织在损失发生之前能做出最有效的安排，使损失发生后所需要的资源与保持有效经营必要的资源能达成适度平衡，帮助组织实现目标。

#### （二）企业风险审计的具体目标

审计具体目标是总目标的具体化，并受到总目标的制约。审计具体目标包括一般审计目标和项目审计目标。一般审计目标是进行所有项目审计均必须实现的目标；项目审计目标是按每个风险管理项目分别确定的目标。一般审计目标适用于所有项目的审计，项目审计目标则只适用于某一特定项目的审计。

企业风险审计的一般审计目标有：

（1）风险范围确定的合理性。其包括战略范围、组织范围、业务范围、风险范围。

（2）风险评价标准与指标体系的科学性。其包括评价基础、评价方法、评价内容、指标计算。

（3）风险识别、评价的科学性。其主要审核：①按照审计确定的风险范围，核实风险识别是否全面；②风险各级分类的合理性；③可控风险、不可控风险确定的科学性。

（4）风险管理措施、方法与程序的合理性。

（5）风险实际处理的合理性。

## 三、风险审计的意义

### （一）风险审计能够最大价值地发挥和实现内部审计的职能

功能内部审计作为一种职业，独立于组织的其他部门，通过实施规定的程序，获取可靠的证据，经过认真分析和专业判断，客观地对组织内部控制系统的设计和执行进行评价，对企业系统管理和治理措施进行合理评价。企业处于各种各样的环境中，面临各式各样的风险，这些风险对组织目标的实现有不同程度的影响。风险导向的内部审计正是从组织面临风险的角度来评判内部控制系统的设计和执行，对企业治理方案进行测评。风险审计从影响组织目标实现的各种系统风险和非系统风险出发，就内部控制设计是否健全、关键的控制点执行是否有效、控制薄弱的环节治理和改进措施的可行性等提出认定，评价风险管理与控制对组织目标实现的影响程度。如此，内部审计就将自身的职能和组织的目标有机地结合起来，内部审计的"认定服务"就能系统地汇入组织的系统控制和管理工作中。这样，内部审计的职能也得到最好的发挥。

### （二）风险审计有助于审计质量的提高

审计报告往往是企业的投资人、管理当局和被审计部门经营决策时的重要参考信息，内部审计工作质量直接影响组织的战略、战术和营运策略的制定和执行。审计步骤包括制订审计计划、取证、判断和报告，是一个系统过程；而审计质量是整个审计过程的优劣程度，是审计报告反映客观事实的真实程度。审计质量往往归结为审计报告的质量，而审计过程的质量决定了审计报告的正确性和全面性，从而决定审计报告的质量。在现代企业组织中，内部审计资源（人力、专业技术、时间）大多缺乏，内部审计的工作负荷很大，而在审计资源紧缺的情况下，保证审计质量就成了内部审计的宗旨。

风险审计从审计方案的制订开始就与组织的经营决策紧密联系。如制定的审计策略以资金流量大的部门为重点，这是以企业面临资产流失风险为导向；如果审计策略以业务循环为审计方案，那么这是以测评组织营运的系统控制风险为导向。通常，为了提高审计效率，审计方案往往以几个重大风险综合为导向。风险导向审计使内部审计人员的工作从起点到后续的追踪审查，从审计范围、工作中心及其变化到审计测试与评价，自始至终与组织系统目标协调一致，针对性强，因此，风险导向审计提高了审计质量。

## 四、风险审计与审计风险、风险基础审计、内控审计的比较

风险审计是指企业内部审计人员通过测试风险管理的有关方面，对风险程度及管理情况作出鉴别、评价，以帮助实现企业运营目标。审计风险是指审计结论与事实不符的可能性。风险基础审计是指审计人员在对企业固有风险、控制风险测评的基础上，决定实质性测试范围、性质、程序、时间的审计。内控审计是指审计人员以测评组织内部控制设计健全性、执行有效性为主要目的的审计活动。风险审计与审计风险、风险基础审计、内控审计既有联系，也有区别。

### （一）风险审计与审计风险的联系与区别

1. 风险审计与审计风险的联系

（1）风险与不确定性是画等号的。风险审计由于存在审计人员大量的专业判断，存在审计结论与实际情况不符的可能性，从而产生审计风险。

（2）风险审计肩负着为战略决策的作出及战略目标的实现提供信息保证的重任，所以要求审计人员按照审计准则和职业道德执业，注意控制审计质量以降低审计风险。

2. 风险审计与审计风险的区别

风险审计是一种职业工作，而审计风险是一种业务风险和职业风险。就组织来说，风险审计必定关心工作；从个人来讲，风险审计可能要关心职业风险。

### （二）风险审计与风险基础审计的联系与区别

1. 风险审计与风险基础审计的联系

（1）审计依据都是企业的风险管理方针、策略和风险评价指标体系。

（2）审计内容大部分相同，都对组织风险范围的确定、风险识别、风险分析、风险评价、风险管理措施和方法、风险处理等方面进行审核。

（3）审计总目标相同，都是为战略决策提供信息，为战略目标的实现服务，为企业增加价值。

2. 风险审计与风险基础审计的区别

含义不同。风险审计是审计主体通过对组织风险识别、风险程度的评价等工作进行审计，评价风险政策与措施的适当性、执行的有效性。风险基础审计又称风险导向审计，风险导向审计体现着审计主体开展财务审计、绩效审计、控制审计等审计工作，以测试组织的风险战略和风险管理为先行工作，根据对风险管理审计测试的结果，决定其他相应审计的范围、性质、程度、时间。

风险审计侧重对风险管理进行鉴证，而风险基础审计侧重对会计信息质量进行鉴证。风险审计体现着服务企业战略管理的要求，具有系统思维的特点。企业风险管理框架中，

存在着适时的沟通与协调，风险审计促使审计人员以系统思维对风险管理措施、方法程序进行审计，结合企业内部控制、财务、绩效的审核结果，对风险管理现状及效果进行专业判断，提出审计评价与建议。而风险基础审计对组织风险进行测试，目的是确定实质性测试的程度，提高审计效率和质量，降低审计风险。

### （三）风险审计与内控审计的联系

内部控制的设计和执行应该符合风险管理的要求，风险管理在很大程度上依赖于内部控制的设计和执行。所以内控审计与风险审计在有些地方是互相渗透的，都是为了增加企业价值。

# 第二节　审计风险管理

审计风险管理具有强化审计风险理念、提升审计质量、保证各项审计活动达到预期效果的重要作用。审计风险管理是指审计主体针对不同类型、不同发生概率和不同大小的风险，采用相应的措施、方法和程序，尽可能使审计风险减少到最小程度（可容忍或可接受风险程度）。审计风险管理模式一方面包括要收集、储存、分类、估计各种审计风险管理信息；另一方面包括要加工、处理、传递相应的审计风险管理信息，以影响和控制各项审计工作。因此，审计风险管理模式对审计风险系统全面、连续和及时地实行防范管理。对审计风险进行管理需要遵循审计风险运动的内在规律，对审计项目全过程的每个阶段和参加审计项目的全体人员进行全过程、全方位、全员风险管理。审计风险管理要求各类审计组织规定相应的管理模式和程序，并使其持续受控，管理到位，以实现既定审计目标。

## 一、审计风险识别和分类

所谓风险识别，是指对尚未发生的、潜在的以及客观存在的各种风险进行系统、连续的识别与归类，并分析风险产生的原因。传统的审计风险识别具有较大的局限性，即对审计风险因素发生的频率和方式以及各种环境的重要性缺乏量化。

审计风险识别的途径一般有两种：①借助外部的力量，利用外界的风险信息、资料识别风险（比如审计准则中有关审计因素的提示和要求等）；②借助会计师事务所的力量，根据客户的特性识别风险。一般来说，对于常见的和经常发生的审计风险，注册会计师在执业过程中会根据过去的经验和风险知识进行简单的识别；而对于新的、潜在的风险，由于没有历史资料和经验的积累，识别时往往会比较困难。因此，注册会计师一般需要首先获得对审计职业具有普遍意义的风险损失资料，然后按照一套系统的方法，去发现这些具有共性的损失资料中某个客户面临的潜在审计风险。但是，这种系统的资料和方法还比较缺乏，因此，在审计过程中，注册会计师对审计风险的判断与分析更多地依赖审计准则的提示和个人的经验，并且更多地依赖在审计过程中对审计风险的发现。

审计风险识别的过程包括两个环节：①感知风险，即了解客观存在的各种风险；

②分析风险，即分析引起风险的各种因素。

审计风险识别和分类是审计风险管理模式的第一阶段。正确地识别审计风险和对审计风险进行合理分类，将为成功的风险管理奠定良好的基础。这个环节所要解决的主要问题有：找出究竟存在哪些风险（固有风险、控制风险、检查风险、环境风险），这些风险产生的原因是什么；固有风险中哪些因素与会计报表层次有关，哪些因素与账户余额或交易类别层次有关；控制风险和检查风险中哪些与抽样风险有关，哪些与非抽样风险有关；检查风险中哪些与分析性复核有关；环境风险中哪些与法律责任有关，哪些与职业道德规范有关，哪些与外部干预有关，以此来对审计风险进行科学分类和合理定位。也就是说，审计风险识别和分类是在终极审计风险发生之前对这些风险的类型及发生原因做出判断，以便实现下一步对审计风险的估计和评价。由于审计工作中所面临的各种风险往往交织在一起，因此在实际进行审计风险识别和分类时，必须采用一些行之有效的方法，如编制审计风险一览表，列出审计所面临的各类风险，并一一找出引起审计风险的原因。

## 二、审计风险估计和评价

审计风险估计和评价是审计风险控制与处理的依据，只有确定了审计风险的高低，才能有针对性地对其进行控制和处理。这个环节所要解决的问题有：明确这些不同的审计风险发生的概率有多少，风险规模有多大，一旦发生将会对审计结果与被审计单位产生多大的不利影响；运用主观评价方法（专家意见法）或客观评价方法（概率和数理统计方法、损失模拟方法、风险树），确定审计风险发生的概率及判断它是否大于或小于某一可接受标准（5%、2.5%、1%）。也就是说，审计风险估计和评价是审计人员通过收集信息、证据以及实地观察，针对审计过程和审计客户的具体情况和条件，对审计事项审计风险的大小进行合理的定性和定量估计与测试。

注册会计师应当识别和评估会计报表层次以及各类交易、账户余额、列报与披露认定层次的重大错报风险。

（1）在识别和评估重大错报风险时，注册会计师应当注意的事项如下：

①在了解被审计单位及其所处环境的整个过程中识别风险，并考虑各类交易、账户余额、列报与披露；

②将识别的风险与认定层次可能发生错报的领域相联系；

③考虑识别的风险是否重大，是否足以导致会计报表发生重大错报；

④考虑识别的风险导致会计报表发生重大错报的可能性。

注册会计师应当将实施风险评估程序过程中所收集的信息，包括在评价控制设计和确定其是否得到执行时获取的信息，作为支持风险评估结果的审计证据。注册会计师应当根据风险评估结果确定实施进一步审计程序的性质、时间和范围。注册会计师应当确定识别的重大错报风险是与特定的某类交易、账户余额、列报与披露的认定相关，还是与会计报表整体广泛相关，进而影响多项认定。

会计报表层次的重大错报风险很可能源于薄弱的控制环境。薄弱的控制环境带来的风险可能对会计报表产生广泛影响，难以限于某类交易、账户余额、列报与披露，注册会计师应当采取总体应对措施。在评估错报风险时，如果识别出旨在防止或发现并纠正特定认定发生重大错报的控制，注册会计师应当根据被审计单位的具体情况将这些控制与特定认定相联系。控制与认定直接或间接相关，关系越间接，控制对防止或发现并纠正认定错报的作用越小。在确定这些控制是否能够防止或发现并纠正特定认定发生重大错报时，注册会计师应当综合考虑控制活动和其他内部控制要素。

（2）通过对内部控制的了解发现下列情况，并对会计报表的可审计性产生疑问，注册会计师应当考虑发表保留意见或无法表示意见的审计报告，或解除业务约定。

①管理当局缺乏诚信，导致会计报表的错报风险非常重大；

②被审计单位会计记录的状况和可靠性存在重大问题，不可能获取充分、适当的审计证据以发表无保留意见。

### 三、审计风险控制和处理

无论是识别风险，还是评估风险，都不是审计风险管理的最终目标。

在识别和评估审计风险之后，只有对审计风险进行控制和处理，才能实现审计风险管理的目标。这个环节要解决审计风险预防、审计风险控制、审计风险回避、审计风险转移、审计风险管理决策等问题。因此，控制和处理审计风险的核心在于提高审计质量，在开展审计业务的全过程中系统控制审计风险，建立起从接受审计客户的评估到提交审计报告的全过程的审计质量监控体系，一旦发生法律诉讼等不利事件，审计人员也能尽最大可能减少损失。为此，会计师事务所的高级管理人员和职员要重视监督并控制审计风险，制定有关监控审计风险的政策和程序，使全体员工向最高级别管理人员反映审计风险问题，并建立相应的审计风险防范和奖惩机制。由于审计风险的监控是全过程、全方位、全员控制的系统工程，因此想要降低审计风险就必须全面控制审计过程的每一个细节。它涉及审计项目全过程的每个阶段和参加审计项目的全体人员，可将其分为计划、实施和报告三个阶段的风险控制，其中任何一个阶段出现工作失误或判断失误，均可导致审计风险的产生。

#### （一）计划阶段审计风险控制

##### 1. 做好审计前大量细致的准备和调查工作

注意审计前调查所取得的背景资料是否清楚和翔实。审计人员要运用各种方法对被审计单位的情况进行调查、了解，如召开座谈会，查阅有关年度档案资料，走访有关部门进行实地考察等，为评估、确认预期审计风险水平作好准备。审计实践表明，中外很多审计诉讼案件中审计人员之所以未能发现被审计单位存在错报、漏报情况，一个重要原因就是审计人员对被审计单位的行业情况及业务不甚了解就仓促上阵。因此，调查与了解重点应放在企业的经营环境、经营目标、经营条件，企业管理层的经营理念和诚信程度，以及企业的财务状况和经营成果上，并对其进行仔细的风险分析，以把握被审计单位的整体情况和审计风险的可控制性。

### 2. 审慎挑选客户

大项目和风险高的项目最好在签约前经过专业小组的风险评估。会计师事务所要避免审计失败，必须审慎挑选客户，这是审计风险控制的首要环节。在现阶段，有三类客户是要坚决予以拒绝的：一是明显不讲诚信的客户，即公司管理层或大股东缺乏基本的诚信和正直的品质；二是持续经营能力（盈利能力和财务支付能力）受到质疑的客户，一般因其经营目标、战略措施和经营活动整体上存在严重问题而易遭到起诉；三是为了达到大股东或高级管理层的某种目的而执意歪曲财务报表或根本没有会计核算及公开披露信息意识的客户。对此，会计师事务所不能抱有任何侥幸心理。此外，对于高风险的客户和大客户，首先要由专业小组对其进行风险评估，评估其风险是否可控，只有在其风险可控的情况下才能接受委托。

### 3. 与委托人签订审计业务约定书

审计业务约定书具有法律效力，它是确定审计人员与被审计单位、委托人的责任的重要文件，有划清审计责任、防范审计风险的作用。与委托人签订审计业务约定书，一方面有利于保护审计人员，缩小其责任范围；另一方面有利于审计人员明确自己的责任，提高依法审计的质量和水平，尽可能地减少审计风险，还能在发生法律诉讼时将一切争辩减少到最低限度，降低签约风险。所以，会计师事务所不论承办何种审计业务，都要严格按照要求与委托人签订审计业务约定书。注册会计师在签约过程中要注意保护好自己，应注意三个方面的内容：一是要客户承诺，查出问题按规定调账并公开披露信息；二是对独立核算的下属单位可延伸进行审计；三是若委托审计有特定目的则需专门签约或商议。

### 4. 合理配置审计人员

选派适当数量具有专业胜任能力的审计人员组成审计小组，进行相关项目的风险控制，要充分考虑被审计单位的实际情况，审计项目的繁简程度，以及审计人员的专业特长，将最合适的人安排在最合适的审计项目上，尤其要注意重要审计项目以及那些容易发生错误、舞弊和违法行为的委托项目。要精心组织，切实做好审计力量的有效整合，需要谨慎配备称职的审计力量和队伍，这是影响审计风险高低的关键因素。

### 5. 制订切实可行的审计计划

接受客户委托后，审计人员应分别对报表中的不同项目进行分析性测试，确认方案中的重点审计领域是否能保证审计目标的实现，界定重要性水平和计划风险，评估固有风险和控制风险。然后确定检查风险（可控风险），并据此确定审计计划的程序和时间进度。计划风险是指审计人员在审计计划阶段确定的准备接受的可容忍风险水平，是达到以最小审计成本获取最大审计收益目标时的审计风险水平。计划风险是审计人员在审计过程中进行风险控制的目标，是实施审计计划和程序、收集审计证据、做出审计结论和发表审计意见的重要依据。审计人员要针对每个审计项目的具体情况，对审计的内容和被审计单位的特点进行深入研究，通过制订审计计划明确审计的范围、重点、程序、方法、风险控制等，确定高风险单位和低风险单位，划清高风险区域、低风险区域和潜在风险区域，使审计工作更具有针对性、可操作性和计划性，以保证审计工作质量，提高工作效率，减少失误，降低审计风险。审计计划控制的关键在于建立科学地把审计风险纳入控制范畴的审计计划制度，使审计工作规范化、科学化、制度化，并付诸实践，对审计计划中不合规、不合理的地方进行适当调整，及时补充、修订和完善。

6. 把审计计划贯彻到每个审计小组

明确各岗位的审计目标、风险控制和责任。编制审计计划后，要细化、分解各项审计工作。在人员控制上实行责任分工管理制度，并配合适当的分级指导和监督。审计项目负责人应视项目特点，将审计工作分工给具有不同胜任能力的审计人员组成的审计小组，审计小组实施组长负责制，审计小组组长应明确组内各审计人员的分工及所承担的审计责任。上级审计人员一方面要对下级审计人员进行业务指导，使下级审计人员充分了解他们所要完成的审计目标、面临的各种审计风险及应执行的审计程序；另一方面要加强对工作进度和效率的监督，进行质量监督与控制，提醒审计小组成员保持职业谨慎和对审计风险进行必要的关注，特别要求每个审计人员对执行的项目进行小结，要实行审计过错追究制度，防止审计人员任意简化审计程序、放宽尺度，甚至与客户串通或为其出谋划策，避免审计风险在客观上有被人为放大的可能。

（二）实施阶段审计风险控制

1. 灵活运用双重承诺制度，随时提出必要的承诺要求

审计承诺制度具有双向性，要求审计人员和被审计单位分别就其承担的责任作出书面承诺。特别是被审计单位负责人要对本单位会计资料的真实性、内部控制制度的有效性、财产的安全性承担会计责任。在审计实施阶段，审计人员可根据审计工作进度和具体情况不失时机地向有关被审计单位责任人提出具体的承诺要求，这时应注意三点：一是被审计单位承诺的内容要具体；二是承诺要有针对性，要与审计专业判断结合起来；三是提出承诺要求的时机要把握得当，过早、过晚均会影响其实际效果。当审计人员从账面上发现了大量的可疑点，但一时难以取得充分、适当的审计证据来证明其真伪时，应该及时向被审计单位提出必要的承诺要求，并讲明虚假承诺的法律后果以及下一步审计验证措施方案，这样违规违纪当事人很有可能在压力下不得已而主动讲清事情真相，使审计工作取得突破，从而达到节约审计时间、扩大审计效果、有效控制和防范审计风险的目的。

2. 深入了解被审计单位的经济业务，大大降低不能发现重要错误和舞弊的概率

在很多审计失败案件中，审计人员之所以未能发现比较明显的舞弊，一个根本原因就是他们未能保持应有的职业谨慎，未能深入被审计单位的生产经营实务现场，未能真

实地了解客户的经营过程，而是仅仅凭借事后审核原始资料和翻阅会计报表，轻易做出错误的审计结论。这样只认资料不认活动，只查问题现象不查问题实质，只审核财务信息在形式上是否按照会计准则编制，而不专门审核这些信息背后是否有舞弊现象，再加上审计成本、时间、方法的限制，审计人员就不可能对每一张有疑问的单据和发票进行追查与核对，不可能对每一个可能隐匿的漏洞和舞弊行为进行分析、判断，也就发现不了舞弊，导致审计风险产生。从我国目前的情况来看，被审计单位在以下业务或状态中容易产生审计风险，如关联交易、非常交易、非货币交易、资产重组、会计方法和会计估计变更、期后事项与或有事项。此外，复杂的控股关系、跨地区交易、非法或非规范的融资行为、所审客户的股票在二级市场上的异常波动都容易产生审计风险，审计人员要给予特别关注，审计资源要优先分配给这些高风险的业务和区域，不可轻易放过任何蛛丝马迹。

3. 确认并评价内部控制制度及其执行的有效性和风险性

对于被审计单位内部控制制度及其执行，审计人员应主要关注三个方面的控制目标：①财务信息可靠性。确认会计处理与财务报告正确性的内部控制是否有效，直接影响财务报告和相关认定，从而影响审计目标实现。②委托管理责任的履行情况。审计人员以风险分析、评价为基础，注重风险性、重要性和成本效益原则，在重点检查关键控制点的基础上确认和评价被审计单位接受委托管理责任的履行情况。③确保法律、规章执行。审计人员应关注、保证被审计单位的经济业务经过授权、符合既定方针政策和国家法律法规的内部控制，防止舞弊和欺诈。

审计人员应正确地识别风险因素，制定审计方针和策略，进一步确定审计的范围、重点和方法。

4. 捕捉相关信息，收集充分、适当的审计证据

审计证据是审计职业界进行审计风险控制的关键依据，因为审计工作质量的好坏及风险大小在很大程度上取决于审计证据是否具有充分性、可靠性和相关性。审计证据的风险控制目标是必须保证审计证据的充分性和适当性，清楚、准确的审计查证事实是保证审计意见正确的基础。所以，降低审计证据风险、控制审计质量的关键有三点：一是提高审计人员的职业道德水平和业务素质；二是正确把握和处理好审计重要性、审计风险和审计证据三者之间的辩证关系；三是要制订科学、严密、切实地收集、鉴定、综合审计证据的计划，处理好审计证据与管理当局的认定，审计目标、审计程序之间关系，以针对不同性质的认定和目标选择最合适的取证方法。

5. 正确运用审计方法，保证审计项目质量

鉴于目前被审计单位会计核算系统的复杂性和审计内容的广泛性，审计人员在审计过程中应注意各种审计方法的灵活运用和结合运用，合理运用审计人员的专业判断，严格执行审计程序，恰当评价与估计被审计单位的固有风险和控制风险，充分利用被审计单位内部审计人员的工作并向专家咨询。例如：针对被审计单位资产和费用类金额的高

估问题，审计人员应在抽样审计的基础上，采用账实核对、账证核对、函证、监盘、查询、审阅、重新计算、截止测试等方法，揭露其高估的错误和舞弊。但对于销售收入和负债类金额的低估问题，审计人员则应利用分析性复核审计程序来检查有关项目交易金额和账户余额的合理性，就此形成一种应用十分广泛而且颇为有效的审计方法，此方法在发现和检查财务报告舞弊方面，作用相当明显。

### 6. 形成符合规定、有效的工作日记和工作底稿

审计人员应通过座谈、走访、内查外调，审查被审计单位的财政收支活动及其经营管理活动的真实性、合法性和效益性，认真编写审计工作日记，记录审计人员完整的工作过程，包括查看了哪些账目、资料和文件，做了哪些取证工作，找哪些人了解过情况等。这是检查审计人员工作状况、分清审计责任、防范审计风险必不可少的。对于查出的重点问题和发现的线索，一定要利用审计方法进行调查、查询、查核和取证，形成符合规定、有效的工作底稿，当被审计单位确认审计证据属实后，审计小组组长负责对小组成员编制的工作底稿进行复核。复核的内容包括：审计项目的覆盖面是否到位，如发现有漏审、甩审事项，应组织人员补审；审计事项是否事实清楚；定性是否准确；审计取证程序是否恰当，如重大事项的审计取证是否有两名以上审计人员参加等。审计工作日记和工作底稿均应存档备查。

### 7. 坚持重大事项的请示报告制度

项目经理每日召开审计小组见面会，交流查核情况和发现的审计风险问题。在审计小组将要完成审计任务时，将工作底稿的初稿进行交叉检查，以权衡重点问题的审计程序和取证能否起到防范审计风险的作用。项目经理要严格控制重点审计程序的执行过程。为了做好过程控制、规范审计行为，项目经理要亲自查核一些重点项目、重点程序、重点问题等，对其他审计人员查核的结果进行认真、细致的复核，研究、分析、处理可能潜伏的审计风险。一旦在现场审计中发现了重大会计、审计问题，项目经理应立即向部门经理或专业小组报告，紧紧把好项目审计的风险关。

### （三）报告阶段审计风险控制

#### 1. 严格执行三级复核制度

审计人员在编写审计报告前必须对审计工作底稿进行仔细检查、复核和分析。严格执行审计工作的三级复核制度，层层控制，层层把关，是确认审计工作达到审计计划要求、消除审计人员专业判断中可能存在的偏差、确保审计报告质量以及控制审计报告风险的关键所在。审计工作的一级复核是指项目经理对审计工作底稿逐张复核，及时指出发现的问题并督促审计人员修改和完善，以争取审计工作的主动性。审计工作的二级复核由部门经理在完成审计外勤工作后进行全面复核，它既是对项目经理的再监督，也是对重要审计事项的重点把关，主要对重要会计账项的审计、重要审计程序的执行、审计调整事项等进行复核。审计人员要将经一级、二级复核的报告稿送给被审计单位审阅，并认真听取被审计单位的反馈意见，推行"听证"制度，耐心解释需要被审计单位调整或披

露的事项，这样有利于与被审计单位管理当局进行有效沟通，及时发现审计差错，避免不必要的审计行政复议或法律诉讼，降低审计风险。审计工作的三级复核，也是最终复核，一般由合伙人或者指定代理人负责，在签发审计报告前对整套审计工作底稿进行原则性复核，顺便评价前几级人员的复核工作，其复核的主要内容包括采用审计程序的恰当性、审计工作底稿的充分性、审计过程的完整性和审计工作的规范性。审计复核人员及复核机构在有关复核工作中必须坚持对每个审计报告都进行三级复核，并形成一整套比较规范的制度，不断完善复核审批制度，加大审计复核力度，同时确保审计报告满足以下要求：①审计结果与审计结论相一致，并能支持审计意见；②审计结果的传递和利用符合审计准则和相关法律规范；③审计报告内容和结构全面、完整；④审计报告的编制符合审计准则，审计意见的表达正确无误，审计建议的提出合理可行。

2. 认真编写审计报告，控制审计结论的准确性

审计报告是审计工作成果的集中反映，是审计质量的最终体现，因此编制审计报告是审计风险控制的关键点之一。在审计报告阶段，审计人员要正确评价被审计单位财务收支的真实性、合法性和效益性，以及被审计单位的经营活动和管理状况，做到评价全面、客观、准确、恰当，对未审计事项不予评价，对受时间、环境、技术等条件限制，一时无法认定的事项，应如实记录，并在审计报告中就无法认定的原因、现状等进行叙述性说明。要认真编写审计报告，做到语言表达准确、数据引用准确、证据资料充分、报告结构完整、问题定性恰当，要严格审定审计报告中所反映的事项，要对审计报告的形成执行一整套控制风险程序。除由专门机构或人员对审计小组提出的审计报告进行三级复核外，具备条件的会计师事务所还可以考虑建立独立的技术部门，风险控制或质量控制部门，专司技术把关、独立复核以及风险质量控制工作，建立由资深的合伙人或其他人员组成的独立复核会计师制度，以确保审计工作的独立性。

要对查出来的问题进行正确定性，控制审计结论的准确性，这是控制审计报告风险的关键。要确定审计报告的意见类型及措辞，而对审计人员所出具的四种基本类型的审计意见进行控制是一个相当主观的过程，必须充分利用审计人员的职业判定和重要性原则予以确定。在控制审计意见时，要注意是否将应发表"保留意见"改为发表"无保留意见"和将应发表"否定意见"改为发表"无法表示意见"或"保留意见"，审计人员对此应保持头脑清醒，切忌带有个人主观偏向、态度暧昧、含糊其词等。若是在审计过程中查出的问题复杂，牵涉面较大，作出审计结论的难度大，即出现审计风险较大的审计报告，则应坚持提交本所独立的技术部分，风险控制或质量控制部门组织集体讨论，审慎地选定审计报告的类型和斟酌措辞；若是涉及法律风险，还应聘请律师，征询其意见，以确保审计结论的正确性和防范审计报告风险。

3. 特别关注和揭露公司财务报告的舞弊

绝大多数的法律诉讼案件都是由公司虚假财务报告所带有的欺诈性的信息披露和不正当的会计处理引起的。近几年，我国上市公司欺诈舞弊案例接连发生，相关的会计师

事务所相继关闭，这使审计职业界对审计风险的认识上升到一个新的高度，与此同时，虚假财务报告的舞弊审计也成为一个关注焦点。公司财务报告舞弊一直是困扰国内外审计职业界的重大问题，因此，审计人员不仅在审计过程中要对舞弊问题的审计线索与敏感点加以关注，而且在签发审计报告时要揭示和披露欺诈舞弊行为，如大股东占用或挪用资金、关联交易、期后事项、或有损失、持续经营、交易实质等。在这些已成为舞弊频发区域和高风险的领域，审计人员应仔细分析管理层是否存在舞弊作假三大根源（动机、机会、成本），区分内部人舞弊、外部人舞弊、内外勾结舞弊三种不同形式，以防止并控制由经营失败引起的审计风险。

4. 抓好审计决定落实关

审计人员主要采取三种控制方法：一是严格要求、及时督促被审计单位反馈审计决定的执行情况，认真审阅反馈报告，检查被审计单位是否认真执行审计决定。对未反馈审计决定执行情况或虽反馈但执行决定不全面、不彻底的被审计单位，要提出批评，令其改正；对拒不接受者，要从严处理，决不姑息。二是后次审计要检查前次审计决定是否被真实执行，若有弄虚作假，就要作为本次审计发现的问题严肃处理。三是必要时采取后续审计的方法，以确保审计决定及审计意见书的落实。

5. 实行审计过错追究制

对审计质量出现严重问题的被审计单位，审计小组组长和成员要追究责任人的责任，并根据情节的轻重给予必要的行政处分，对给国家造成严重经济损失的，将相关责任人移交司法机关处理。此外，审计档案、审计信息和统计资料都是审计风险控制的重要组成部分，审计组织应制定相应规范，建立并实行谁审计谁立卷、审结卷成、定期归档的制度，以规范审计案卷归档、审计信息工作和审计统计行为，落实责任制，并定期组织审计档案、审计信息和统计质量检查，将检查结果予以通报，以纠正错误。

## 四、中国注册会计师行业管理

中国注册会计师协会是注册会计师的全国组织，省、自治区、直辖市注册会计师协会是注册会计师的地方组织。由其负责对注册会计师行业进行管理与控制。中国注册会计师协会监督注册会计师和事务所的执业质量、职业道德，依法管理注册会计师行业；协调行业内、外部关系，维护注册会计师和事务所的合法权益；并依法接受财政部、审计署的监督、指导。

中国注册会计师协会的主要职责包括：

（1）审批和管理本会会员，指导地方注册会计师协会办理注册会计师注册；

（2）拟订注册会计师执业准则、规则，监督、检查实施情况；

（3）组织对注册会计师的任职资格、注册会计师和会计师事务所的执业情况进行年度检查；

（4）制定行业自律管理规范，对会员违反相关法律法规和行业管理规范的行为予以惩戒；

（5）组织实施注册会计师全国统一考试；

（6）组织、推动会员培训和行业人才建设工作；

（7）组织业务交流，开展理论研究，提供技术支持；

（8）开展注册会计师行业宣传；

（9）协调行业内、外部关系，支持会员依法执业，维护会员合法权益；

（10）代表中国注册会计师行业开展国际交往活动；

（11）指导地方注册会计师协会工作；

（12）承担法律、行政法规规定和国家机关委托或授权的其他有关工作。

中国注册会计师协会积极探索行业管理的规律，加强面向注册会计师和非执业会员的服务、监督、管理、协调职能建设，建立完善了行业管理和服务体系，即以服务经济社会为导向的鉴证服务体系，以胜任能力为导向的考试评价体系，以严把"门槛"为导向的注册准入体系，以国际趋同为导向的执业标准体系，以终身学习为导向的继续教育体系，以诚信道德和执业质量为导向的监督检查体系，以事务所"走出去"为导向的国际合作体系，以做大做强为导向的发展战略体系，以政治保证为导向的党建工作体系，以服务监督管理协调为导向的行业组织体系。

# 第三节　风险导向审计模式

## 一、风险导向审计模式概述

### （一）风险导向审计模式的产生原因

风险导向审计模式是继账项导向审计模式、系统导向审计模式之后，在审计实务界被采用的一种全新的审计模式。它是以对审计风险的评价为一切审计工作的出发点并贯穿审计全过程的现代审计模式，其根本目标是将审计风险降低至可接受水平。由于适应了市场经济高度不确定性和人们对审计期望值不断提高的要求，这种模式从一开始被采用就显示出其生命力，代表了现代审计发展的最新趋势。系统导向审计模式发展为风险导向审计模式的原因如下。

1. 审计风险的急剧增加是风险导向审计模式产生的直接原因

审计风险是指审计人员通过实施审计程序，未能查处被审查对象的财务报表中存在的重大错报、漏报，发表不恰当审计意见的可能性。系统导向审计模式是在对内部控制制度进行符合性测试的基础上，确定实质性测试的性质、实施时间和范围的。这种审计模式大量使用测试和抽样技术，如果抽取的样本不能代表总体的特征，那么依据审计样本得出的审计结论和提出的审计意见就会出现偏差，就会导致审计人员发表不恰当的审计意见。然而，存在审计风险并不能说明就存在风险导向审计，只有当审计风险发展到一定程度，审计人员将对审计风险的评价作为审计的出发点并贯穿整个审计过程时，风险导向审计才产生。

**2. 系统导向审计模式内在缺陷的弥补需要风险导向审计模式**

审计风险的存在是客观且无法避免的，审计人员必须在审计成本与审计风险之间寻找平衡点，即在审计风险可以允许的条件下使审计成本最低。因此，风险导向审计模式就是为适应这种需要，在系统导向审计模式的基础上发展起来的一种现代审计模式。主要表现为：

（1）系统导向审计是在对内部控制制度进行符合性测试的基础上进行的，它只考虑内部控制制度，其中主要关注内部会计控制，忽略内部控制系统以外的其他重要方面，这样在企业内部控制失效的情况下，系统导向审计实际上已经不存在了。而风险导向审计模式将客户置于一个行业、法律、企业经营管理、内部控制、资金、生产技术，甚至企业的经营哲学等环境中，从各个方面研究环境对审计的影响。内部控制系统仅仅是其中的一个方面而已。

（2）相对于传统审计，现代审计的重要标志是抽样审计的广泛运用。抽样审计的关键是确定抽取样本的规模，量化抽样风险。系统导向审计只关注控制的薄弱环节而不从数量角度研究审计风险；风险导向审计研究内部控制并评估控制风险，除此以外，风险导向审计还要评价固有风险、检查风险，确定审计抽样的数量，有目的地控制审计风险。因此，从技术的角度分析，风险导向审计比系统导向审计更先进。

（3）系统导向审计研究的内部控制仅局限于内部会计控制，忽略了管理方面对会计处理的重要影响，显然系统导向审计并不能保证审计结论的准确性。而风险导向审计对内部控制的研究是相当宽泛的。20世纪末，美国反对虚假财务报告委员会下属的发起人委员会（The Committee of Sponsoring Organizations of the Treadway Commission，COSO）颁布《内部控制——综合框架》，将内部控制结构要素分为五类：控制环境、管理部门的风险评价、会计信息与传递系统、控制行为和监督。因此，风险导向审计以更全面、完善的内部控制结构概念为基础，能更加有效地评价和控制风险。

**3. 成本效益的原则要求系统导向审计模式发展为风险导向审计模式**

无论是民间审计、国家审计，还是内部审计，均应遵守成本效益原则。也就是说，在降低审计成本的同时，提高审计质量，满足有关方面的要求。而决定审计成本的关键因素是审计模式，为此审计人员不得不寻找新的、效率更高的审计模式。这就要求审计组织，一方面满足有关方面的要求，收集充分的审计证据，提出恰如其分的审计意见；另一方面使收集审计证据的成本最低。而要做到这一点，就要充分利用有限的审计资源，将主要人力和物力用在关键的审计环节上。

**（二）风险导向内部审计模式的定义、特点与功能**

**1. 风险导向内部审计模式的定义**

风险导向审计是企业整体风险管理系统中的重要组成部分，它以管理层的风险承受水平为出发点，以优化企业关键风险管理、确保风险控制在企业风险承受水平之内为目标，通过一套系统、规范的方法，来确保经营者履行受托风险责任。风险导向审计的本质是确保经营者全面有效履行受托风险责任的控制机制。风险导向审计模式吸收了其他几种审计模式的优点，也考虑了关键经营目标、管理层风险承受水平以及关键风险计量和绩效指标。

风险导向内部审计是指以对整个组织的风险进行评估与改善为最终目的，以风险评估为导向，并根据风险评估的结果来决定内部审计的目标、范围和方法的一种审计模式。这里的"组织的风险"，更多的是指企业在生产经营过程中面临的各种风险，即那些可能对企业战略和目标的实现产生影响的事件、行为和环境，包括信贷风险、市场风险、技术风险、人事风险等。风险评估是基础，是最根本的技术手段，评估结果直接引导内部审计资源的分配。实现对组织风险的改善是内部审计的根本目的，这一理念应始终贯穿内部审计战略规划和年度审计计划的制订以及具体审计项目实施的全过程。

2. 风险导向内部审计模式的特点

（1）系统性

风险导向内部审计是一个相对独立的系统，同时也是企业管理系统中的一个重要组成部分，是优化企业风险管理的关键部分，在企业核心能力的形成和运行中具有重要的不可替代的作用。它的形成是企业内部审计资源、能力和环境有效整合的连续一体化过程。风险导向内部审计本身有其组成要素、结构及目标，具有复杂系统的显著特征。跨职能合作的需要以及内部审计能力各要素相互作用机制的复杂性，导致风险导向内部审计的形成和运行就更加复杂。因此，在其系统运行业务中，不仅要借助复杂的系统理论和方法进行指导，而且要重视其复杂性，注重内部审计资源、能力的有效配置，优化结构，使目标可协调，及时发现问题、分析问题和解决问题，以确保系统目标的实现。

（2）增值性

风险导向内部审计作为一种新的内部审计模式，它能充分调动全体员工的积极性，从而发现风险事件或潜在机会，将风险转移或控制在企业风险承受水平内或对潜在的机会加以利用，这种从下至上的合作能让企业减少损失甚至为企业带来收益，直接带来企业价值增值。风险导向内部审计整合了全面风险管理和内部审计职能，从上至下，从企业董事会到各子公司或各分部风险管理小组，明确责权利配置，可以监管、激励和约束内部审计行为，协调内部审计关系，优化审计资源配置，提高内部审计效率，最终保证企业内部审计战略的实现，实现内部审计的价值增值，提升企业价值。

（3）依存性

风险导向内部审计依赖审计主体所依存的审计环境、资源、能力的状态和水平，且随着时空的变化而变化，随实现路径的不同而不同。风险导向内部审计必须保持与内部审计战略和风险管理战略一致的动态调整，尤其要关注企业内外审计资源、内部审计能力的变动和调整。风险导向内部审计的运行是一项适应性的业务，企业必须采取与时俱进的观念和不断修正的方式来制定战略，并力求与企业环境和谐一致，以确保内部审计战略的实现。风险导向内部审计要体现企业战略对审计行动的指导性，并充分发挥其长期效能；当内部审计环境出现较大变化并影响全局时，必须利用机会，甚至创造机会，内部审计战略也应随之调整。

（4）创新性

风险导向内部审计是对审计技术和方法的创新。首先，风险导向内部审计将审计重心前移，从以审计测试为中心转移到以风险评估为中心，审计程序包括风险评估程序、审计测试程序（包括符合性测试和实质性测试），重点是风险评估程序。其次，风险导向内部审计在以往内部审计的基础上大大加强了风险评估程序，真正体现了以风险管理为基础的审计理念。风险评估重心由内部控制向风险管理转移。风险导向内部审计对风险评估结构也进行了优化，使风险分析从零散走向结构化。风险分析结构化的最大好处是考虑了多方面的风险因素，便于进行综合风险评估。此外，分析性程序成为风险评估的中心。审计人员将现代管理中的分析工具充分运用到风险评估中，不仅包括对财务数据的分析，还包括对非财务数据的分析。这就要求审计人员的专业知识结构要发生相应的改变。也就是说，审计人员不仅要精通审计知识，还要掌握常用的现代管理学分析工具。

3. 风险导向内部审计模式的功能

风险导向内部审计的目标是确保经营者履行受托风险管理责任，其服务的对象主要是公司董事会和高层经营者，它以企业目标为出发点，对企业的风险管理进行评价和分析，以确保企业将关键风险控制在可接受水平之内。因此，风险导向内部审计功能是随着受托经济责任拓展到受托风险管理责任而拓展的具体功能。这一具体功能除了传统的审计功能之外，还强调审计的保证和咨询功能。风险导向内部审计功能主要体现在以下两个方面。

（1）风险管理效应

风险导向内部审计功能的风险管理效应是指内部审计对审计发现的关键风险，不是简单地被动确认，而是积极主动整合审计资源、发挥作用来调控、驾驭关键风险，从而实现审计目标。风险管理效应基于价值管理（Value Based Man-agement，VBM）目标，必须进行有效的路径选择。一要科学选择审计战略路径，这是进行风险导向内部审计的基础和战略手段；二要健全内部审计系统的风险管理组织体系，因为公司治理、组织结构是为实现风险价值目标服务的，是风险价值目标实现和战略实施的支持和保障；三要有效运用内部审计技术，进行审计资源平衡管理；四要建立内部审计风险预警与风险报告体系，以便为风险管理提供信息资源；五要完善绩效考评，落实风险价值贡献与风险损失责任制，为风险价值管理提供激励和约束的制度保障。

（2）价值创造效应

风险导向内部审计的价值创造效应是指其充分发挥作用，从而创造使审计主体价值、审计客体价值及相关利益者价值最大化的业务及结果。从风险导向内部审计的本质来看，首先，内部审计系统利益相关者整体价值最大化是风险导向内部审计价值创造的逻辑起点；其次，该内部审计主导的审计行为活动中将各种审计资源有效整合，这是风险导向内部审计价值创造的现实物质基础，在这一业务中，审计资源的有效利用形成各种审计能力，这种能力有利于实现审计目标，提升企业价值；最后，内部审计系统的审计决策要合理配置适应特定审计环境、驾驭相关审计风险、实现特定审计目标的内部审计资源、能力，完成相关审计任务，这是风险导向内部审计价值创造的实现过程。

### （三）系统导向审计模式与风险导向审计模式的比较

系统导向审计模式与风险导向审计模式均研究和评价内部控制，或以此为导向性目标，或以此为导向性目标的重要考虑对象，因此，二者在审计程序和概念方面有许多相似之处，但其区别是主要的。

#### 1. 审计导向性目标不同

系统导向审计以内部控制系统的评价为基础，确定其可信赖程度，进而确定审计的重点、范围和方法。风险导向审计以评价内外环境下的审计风险为基础，据以确定审计的重点、范围和方法。风险导向审计涉及固有风险、控制风险、可接受审计风险、检查风险的评估和计算。

#### 2. 研究和评价的对象不同

系统导向审计使用的概念是内部控制制度，包括内部会计控制和内部行政控制两个方面，财务审计关注内部会计控制，而管理审计注重评价内部行政控制。

风险导向审计使用的概念是内部控制结构，1988年的内部控制结构概念由控制环境、会计系统和控制程序三个要素组成，1992年进一步将其分为控制环境、管理部门的风险评价、会计信息与传递系统、控制行为和监督五个要素。风险导向审计强调对控制环境和控制风险的评价，评价的范围和重点发生了变化。

#### 3. 审计测试的内容不同

系统导向审计的测试包括符合性测试和实质性测试。而风险导向审计的测试包括了解内部控制结构、控制测试、交易业务的实质性测试、分析性程序、余额详细测试。

#### 4. 审计资源分配的恰当性不同

系统导向审计由于没有进行系统的审计风险分析，容易出现审计资源在审计领域的不恰当分配，进而影响审计工作效率。风险导向审计则不然，由于它从风险分析开始，能够把主要精力放在容易出错的领域，减少了不容易出错领域的审计工作，从而在保证审计效果的前提下提高审计工作效率。

#### 5. 分析性程序和重要性的使用不同

系统导向审计较少使用分析性程序，一般称之为分析性复核，不涉及重要性概念及评估；风险导向审计广泛采用分析性程序，涉及重要性概念及评估。

#### 6. 对审计单位的影响不同

由于系统导向审计着眼于被审计单位的内部控制制度，重点评审被审计单位的内部控制制度和程序，其结果是向被审计单位建议加强内部控制或增加新的内部控制措施，这样年复一年，建议加强内部控制制度或增加控制点越多，审计人员对被审计单位管理部门提供的价值越少，甚至出现多余控制阻碍各项程序正常运转的情况。而风险导向审计由于全面评价企业的风险，以便确定审计风险水平和审查重点，因此，审计建议可以直接针对被审计单位面临的主要问题和风险，从而提高被审计单位管理的绩效，也促使被审计单位有效地预防风险，客观上给被审计单位增加了价值。

## 二、风险导向审计的程序与方法

由于风险导向审计模式和系统导向审计模式在审计的目标与程序上不同，理解风险导向审计模式下的相关概念，有助于掌握和运用风险导向审计模式的程序与方法。与风险导向审计模式相关的概念包括审计风险模型、重要性、符合性测试与实质性测试等。

### （一）风险导向审计的有关概念

#### 1. 审计风险模型

审计风险模型定义为 $AR=IR \times CR \times DR$。其中，$AR$ 是指会计报表在审计前存在重大错报或漏报，而审计人员审计后发表不恰当审计意见的可能性；$IR$ 是指会计报表存在重大错报或漏报，而审计人员审计后发表不恰当审计意见的可能性，无论该错报是单独考虑还是连同其他错报构成重大错报；$CR$ 是指某项认定发生了重大错报，无论该错报是单独考虑还是连同其他错报构成重大错报，而该错报没有被企业的内部控制及时防止、发现和纠正的可能性；$DR$ 是指某一认定存在错报，该错报单独或连同其他错报是重大的，但未能发现这种错报的可能性。

传统审计风险模型是由美国注册会计师协会提出的。该模型（审计风险＝固有风险 × 控制风险 × 检查风险）可以解决交易类别、账户余额、披露和其他具体认定层次的错报，发现由经济交易及事项本身的性质和复杂程度造成的错报，发现企业管理当局由本身的认知和技术水平造成的错报，以及企业管理当局局部和个别人员舞弊、造假造成的错报，从而将审计风险（此时体现为检查风险）控制在比较满意的水平范围内。但如果存在企业高层串通舞弊、虚构交易，也就是存在战略和宏观层面的风险，运用该模型就不合适了。现代风险导向审计以被审计单位的战略经营风险分析为导向进行审计，因此又被称为经营风险审计，或被称为风险基础战略系统审计。现代风险导向审计按照战略管理论和系统论，将由企业的整体经营风险带来的重大错报风险作为审计风险的一个重要构成要素进行评估，是评估审计风险观念、范围的扩大与延伸，是对传统风险导向审计的继承和发展。在该理论的指导下，国际审计与鉴证准则理事会发布了一系列新的审计风险准则，将审计风险模型重新描述为：审计风险 ＝ 重大错报风险 × 检查风险。

#### 2. 重要性

重要性提供的是一个临界点，而不是一条信息。我国的《独立审计具体准则第10号——审计重要性》第二条规定：重要性是指被审计单位会计报表中错报或漏报的严重程度，这一程度在特定情况下可能影响会计报表使用者的判断或决策。上述两种定义基本上是一致的，它们都是针对外部审计人员所进行的财务报告审计。对内部审计人员来说，重要性的概念更为宽广。一般来说，企业生产经营管理的所有重要方面，以及企业管理当局关心或提出具体要求的任何方面都具有重要性，重要性并不局限于财务报告所列事项有关内容，例如采购业务、设备的保管和维修等。但是，在具体的审计项目中，重要性的概念具有针对性，通常根据完成审计任务的需要来判断哪些方面具有重要性。无论是外部审计还是内部审计，重要性概念都是一个重要概念，它运用于编制审计方案、执行现场审计和评价审计结果的各个具体工作阶段。

3. 符合性测试与实质性测试

符合性测试是指审计人员在对被审计单位内部控制进行初评的基础上，为证实该控制是否在实际工作中得以贯彻执行，贯彻执行的实际效果是否符合设立该控制的初衷而进行的测试活动。符合性测试是针对内部控制的完整性、有效性和实施情况进行的测试。根据预期审计目标确定所收集证据的数量和质量标准，符合性测试可通过审计抽样确定测试范围，找出内部控制弱点，确定内部控制的可靠性。

实质性测试是指在符合性测试的基础上，为取得直接审计证据而运用检查、监盘、观察、查询及函证、计算、分析性复核等方法，对被审计单位会计报表的真实性和财务收支的合法性进行审查，以得出审计结论的过程。实质性测试是审计实施阶段中最重要的一项工作。实施实质性测试的目的是取得审计人员赖以得出审计结论的审计证据。实质性测试通常采用抽样方式进行，其抽样样本的规模需根据内部控制的评价和符合性测试的结果来确定。

### （二）风险导向审计的程序

风险导向审计的审计程序包括计划阶段、实施阶段和报告阶段。在风险导向审计模式下，审计人员更加重视计划阶段的工作，这一阶段的工作主要体现为审计战略的选择，既要注重降低审计风险，又要注重节省审计成本。在选择审计战略时，注重在审计效果和审计效率之间找到一个均衡点。

1. 计划阶段

（1）选定被审计单位或被审计事项

对于外部审计组织，这一环节的主要工作是决定是否接受或继续执行某一客户的审计业务，评价客户进行审计的原因，签订业务约定书，选定审计小组成员。对于内部审计组织，这一环节的主要工作是对可供审计的单位（或事项）的风险状况或水平进行估价，然后，依据估价的结果选择审计的事项或部门。

（2）获得被审计单位和被审计事项的相关资料

审计人员应获得以下资料：与被审计单位有关的法律信息，如公司章程及制度、董事会及股东大会的会议记录、合同；经营环境，包括所在行业及经济趋势等；经营条件；财务状况及其发展趋势；以前年度接受审计的情况，应查明以前年度审计意见的类型；

管理者的品格、处事风格及变动情况等。

（3）实施初步分析性程序，初步评估固有风险，并据以确定审计范围

分析性测试的主要内容包括：分析各项财务资料之间的关系，分析财务资料与非财务资料之间的联系；比较实际资料预测结果或推算结果之间的差异；前后期资料之间的比较，与其他可比行业或企业的资料间的比较，与同行业平均情况的比较；针对差异或变动寻找支持的证据，如没有或缺乏支持的证据，应确定为审计范围。对固有风险进行评估，主要依靠初步调查及永久性档案提供的资料和审计人员的自身经验。具体考虑以下因素：经济业务的性质与复杂程度；相关会计处理的复杂程度；项目余额的大小及其变动情况；确定该项目金额是否通过估价和判断；以前年度审计发现问题的报表项目固有风险的大小；有关会计、管理人员的素质。

（4）了解内部控制结构和初步评估控制风险

对于内部控制结构的每个组成部分，审计人员都要进行了解研究。在了解过程中，审计人员应该考虑两个方面的内容：控制结构中各种政策和程序的设计，它们是否正常运作。在充分了解每个组成部分的控制政策和程序的基础上，审计人员必须做出内部控制结构是否值得依赖或控制风险是否低于最高值的评价，并估计控制风险处于什么水平。

（5）确定重要性标准，初步评价可接受审计风险和固有风险

根据以上步骤评估得出量化的审计风险及审计范围内各项目的固有风险和控制风险。利用风险模型，检查风险＝审计风险／（固有风险×控制风险），可以计算出审计范围内报表项目的检查风险，确定审计范围内报表项目余额的重要性水平。在一般审计实务中，对会计报表总体重要性的量化可参考下列指标：税前净利润的5%～10%；总资产的0.5%～1%；所有者权益的1%；总收入的0.5%～1%。将报表总体的重要性水平分配到各报表项目中称为重要性分配。进行重要性分配，既可依据各项目金额在报表总金额中所占的比例，也可在此基础上根据经验判断，考虑该项目余额或发生额的重要程度，发生错弊的可能性及严重程度，审计成本的高低，适当调增或调减。

（6）制订整个审计计划和审计方案

前面五步是为这一步服务的，目的是使审计人员能够制订出高效的审计计划和审计方案。审计计划是对审计活动做出的整体安排，而审计方案是针对每一个审计事项如何开展而设计的，是审计计划的具体体现。审计方案要列出所有收集审计证据的程序和方法及相应的样本规模、样本项目和测试时间。其中选择适当的测试方法是制订审计计划和审计方案的关键。一般来讲，测试程序有五种：①了解内部控制结构；②控制测试；③实质性交易测试；④分析性程序；⑤余额的详细测试。前两种测试是为了降低控制风险，后三种统称为实质性测试，是为了降低计划检查风险。

**2. 实施阶段**

（1）实施符合性测试

根据在计划阶段对被审计单位内部控制结构的了解以及对控制风险的初步评价，审

计人员在审计实施阶段首先要做出判断，是采用较低控制风险估计水平法还是采用主要证实法。如果采用较低控制风险估计水平法，审计人员应进行控制测试，以收集更多的审计证据支持对较低控制风险的判断。如果采用主要证实法，审计人员不打算依赖内部控制结构，则可以直接进入实质性测试。控制测试是在了解内部控制结构的基础上，为了确定内部控制结构政策和程序的设计及执行是否有效而实施的审计程序。其目的是通过对内部控制结构进行测试，取得审计证据以支持较低控制风险。

（2）实施实质性测试

实质性测试以交易和业务循环为测试对象，测试交易活动是否经过恰当的审批，交易的确认、计量、记录和报告是否正确。无论控制风险大小，实质性交易测试是必须进行的，控制测试不能代替交易的实质性测试，但是如果内部控制结构是可以信赖的，则可以减少实质性测试的范围和数量。

（3）实施分析性程序

分析性程序是评价交易和账户余额整体合理性的一种方法。分析性程序在计划阶段和报告阶段是必须执行的，在审计的实施阶段可以根据情况有选择地使用。因为分析性程序的实施成本较低，所以只要有必要就可以实施。如在实质性测试阶段予以实施，一般要在余额详细测试之前进行，以便帮助确定余额测试的范围和强度。

（4）实施关键项目和余额详细测试

对于分析性程序表明可能存在重大误报的项目以及重要的交易和账户，不能进行抽样审计，应逐一进行专门测试。余额详细测试是测试财务报表中的账户余额存在的金额错误和违规行为，这一测试一般要在实质性测试阶段的最后进行。因为它是实施成本最高的审计方式，而且耗时较长，所以为了提高审计效率，要尽量减少余额详细测试。

**3. 报告阶段**

（1）汇总最终证据

汇总最终证据工作包括：审计报告阶段的分析性程序可以帮助审计人员对财务报告的整体合理性作出合理估计；评价可能影响被审计单位持续经营能力的事项；取得可以明确被审计单位管理责任的书面证明。

（2）评价结果

在每一个审计领域完成全部审计程序以后，审计人员必须将全部审计结果综合起来以便形成整体审计结论。在这一阶段，审计人员必须确定所收集的审计证据是否足够充分，是否对全部重要方面都进行了审计、做了适当记录，是否所有的审计目标都得到实现，是否足以形成审计结论，是否需要追加审计证据。

（3）撰写审计报告

提出审计意见和决定。

（4）与审计委员会和管理部门沟通

为了有效地帮助被审计单位改进经营管理，充分利用审计结果，审计人员应该与有关方面进行适当的沟通。包括：

①应将在审计中发现的违规和违法行为报告给审计委员会或相关组织，无论这些行为是否严重。

②将审计人员认为值得报告的被审计单位内部控制结构中存在的问题通报给审计委员会或高级管理人员。

③管理建议信函，与关于内部控制结构的意见不同，这是按照要求必须报告的。

④其他按照要求需要向审计委员会报告的内容，如审计人员的责任、使用的重要会计政策、财务报表的重大调整、管理部门与审计人员意见不一致之处、审计中所遇到的困难等。

### （三）风险导向审计的方法

#### 1. 固有风险分析

固有风险作为风险系统的一个子系统，是难以定量的，但从系统的观念出发，可以通过确认下列事项来界定固有风险的发生概率：

（1）管理人员的品行和能力，管理人员的变动是否频繁，管理人员遭受的异常压力的大小。

（2）被审计单位所在行业的环境因素和业务性质。存在不利环境因素时，如竞争加剧、银根紧缩等，固有风险增大。业务越复杂，固有风险越大；反之，则越小。如从事衍生金融工具买卖业务的单位，其固有风险较大。

（3）经济业务的性质。其表现为容易遭受损失或被挪用的资产，如现金、有价证券、存货等实物资产，若缺乏有效的内部控制，容易被挪用或发生损失；需要估计和判断的账户余额，如折旧、无形资产和其他长期资产的摊销、资产减值准备等账户余额的确定需要估计和判断，容易发生错误或舞弊。

（4）账户余额及总体特征。总体规模越大，账户余额越大，发生错误或不法行为的概率就越大；总体容量越大，构成总体的项目越多，且比较复杂，则出现差错的可能性也越大。

（5）上期审计中发现的差错项目，在本期是否得到纠正。

（6）各种易于发生错误或舞弊的事项。主要有会计处理中易于混淆的项目，资本支出，易于粉饰被审计单位财务状况的项目，易于偷税、漏税的项目，异常交易事项，临近会计期末的异常及复杂交易或事项。

（7）需要利用专家工作结果予以佐证的重要交易或事项的复杂程度。

综合评估上述因素后，即可大致确定固有风险的比率。一般来说，如果经过因素分析，反映重要差错存在的可能性较小，可把固有风险比率定为50%（持稳健态度）；反之，当确认存在重要差错的可能性较高时，可把固有风险比率定为100%。固有风险比率的变动区间是50%～100%。

根据COSO企业风险管理框架对风险评估的释义，风险评估的理论模型可用公式"固

有风险 = 风险发生可能性 × 风险影响程度"表示。剩余风险 = 固有风险 - 控制有效性，其中，剩余风险是指管理层采取了相应的内部控制和风险应对措施的情况下企业仍旧面临的风险。

2. 控制风险分析

控制风险是指内部控制结构未能及时防止、发现并纠正经济业务中的某些错误或不法行为，以致财务会计报告失真的可能性。控制风险水平的大小受两方面因素的制约：一方面是内部控制结构设计的风险。如果内部控制结构设计不科学、不健全，即使企业经过控制测试后展示出良好的符合率，也不能保证实现良性控制；如果审计人员对被审计单位的内部控制结构给予充分依赖，就可能承担控制风险。另一方面是内部控制结构运行的风险。一个完善的内部控制结构是由组织中的人来执行的，这中间出现差错的可能性总是存在的。

控制风险水平的评估程序包括：①初步评估控制风险水平。该步骤通常在审计计划阶段进行，审计人员在了解被审计单位的内部控制之后，对内部控制防止、发现并纠正重要错报或漏报的有效性做出初步判断。进行初步评估时，审计人员应遵守稳健性原则，宁可高估控制风险，也不可低估控制风险。②开展控制测试。该步骤是外勤阶段的工作，它可以分为额外控制测试和计划控制测试。额外控制测试是针对不予信赖的内部控制，为了进一步降低审计人员对控制风险的估计水平而进行的测试。审计人员应遵从成本效益原则，以此决定是否开展额外控制测试。计划控制测试是对初步评估之后准备予以信赖的内部控制进行的测试，主要是为了支持审计人员在初步评估阶段所认定的中等或低水平。③进行实质性测试，最终评估控制风险。在审计报告阶段，审计人员应根据实质性测试的结果和其他审计证据，对控制风险进行最终评估，检查控制风险的初步评估水平是否恰当。如果实质性测试的结果表明控制风险水平高于控制风险的初步评估水平，则可能意味着依据初步评估风险水平设计的实质性测试程序不能将检查风险降低至可接受水平，此时，审计人员应考虑实施追加的实质性测试。

另外，评估控制风险除要考虑内部控制结构之外，还应考虑经济业务对错误或不法行为的敏感性。敏感性高的经济业务，控制风险会增高；反之，则降低。即经济业务的敏感度越高，控制风险也越大，被审计单位内部控制制度的可信度就越低；经济业务的敏感度越高，符合性测试的满意度越低，被审计单位的内部控制制度就越缺乏可信性；经济业务的敏感度越高，通过对内部控制制度进行研究发现，被审计单位的内部控制制度不属"良性"，这种内部控制制度就越缺乏可靠性。经济业务的敏感度与控制风险的关系实质上反映了固有风险和控制风险的关系。

3. 检查风险的确定

审计风险模型为：审计风险 = 固有风险 × 控制风险 × 检查风险。

由上述模型可知，审计风险三要素之间存在着密切关系。固有风险、控制风险的综合水平决定审计人员可接受的检查风险水平，评估的固有风险与控制风险综合水平越高，审计人员可接受的检查风险水平越低，反之亦然。由于控制风险与固有风险相互联系，因此，审计人员应当对固有风险与控制风险进行综合评估并据以作为评估检查风险的基础。固有风险与控制风险的评估对检查风险有直接影响，固有风险的水平越高，审计人员就应实施越详细的实质性测试，并着重考虑其性质；反之，则应进行有限的实质性测试。

不论固有风险和控制风险的评估结果如何，审计人员都应当对各重要账户或交易类别进行实质性测试。然而，审计人员实施的实质性测试，其性质、时间和范围的确定，最终取决于根据固有风险和控制风险的综合水平所确定的审计人员可接受的检查风险水平。

# 第四节　大数据环境下的审计风险评估与控制

## 一、大数据环境下的审计风险

从本质上讲，大数据环境下的审计风险和一般环境下的审计风险一致，都是指审计人员发表不恰当审计意见的可能性。在大数据环境下，由于具体审计目标增加，审计范围和对象扩大，审计不能仅针对财务报表存在的重大错报进行分析，还应对财务报表的生成来源及来源的载体（即电子数据和信息系统是否存在重大错误）进行鉴证。大数据环境下的审计风险，可以概括为被审计单位财务信息的"生成或表述"中存在重大错误而没有被发现，从而使审计人员发表不恰当审计意见的可能性。这里的财务信息生成主要是针对信息系统和数据库而言的，是指财务信息生成过程中由于信息系统或数据库设计错误或人为操纵等，生成的财务信息存在重大错误；财务信息表述主要是指财务信息最后的表现形式，如各种电子账簿、报表等。

大数据环境下的审计风险除了具备一般环境下审计风险的客观性、无意性、可控制性等特征外，还具备大数据环境下的电子数据复杂性、信息系统间接性的特征。

### （一）电子数据复杂性

大数据环境下的审计工作主要面向被审计单位的大量基础电子数据展开，这些电子数据容易被篡改而不留下任何痕迹，因此对电子数据进行采集、整理、转换和分析，就必须考虑电子数据的这些特征，想办法从各种渠道确认电子数据的真实性。

### （二）信息系统间接性

大数据环境下的审计工作需要对财务信息系统的真实性、可靠性和合法性进行鉴证，但就目前的审计技术而言，还难以实现直接通过查阅源程序对信息系统本身开展系统审计。从目前的审计实践来看，大数据环境下信息系统的鉴证主要依靠审阅和分析相关文档、座谈、实地观察、测试虚拟数据等间接审计方法，难免使审计风险带有一定的模糊性。

## 二、大数据环境下审计风险的评估

### （一）大数据环境下可接受审计风险的评估

可接受审计风险的评估是审计风险评估的第一步。首先，审计人员应当了解被审计单位的基本情况以及信息系统状况，依据大数据环境下重要性水平以及财务系统的重要性水平来确定被审计单位可接受审计风险的水平；其次，审计单位自身的审计系统处于大数据环境下，也需要对其进行风险评估，以确定其承担风险的能力；最后，结合被审计单位的可接受审计风险水平以及审计单位自身审计系统所能承担的风险水平，按照孰低原则来最终确定被审计单位可接受审计风险的水平。

#### 1. 了解被审计单位的基本情况及信息系统状况

审计人员在了解被审计单位的基本情况及信息系统状况时，一般需要采用检查、查询、询问等方法进行。在大数据环境下，除了需要了解常规环境下的内容外，还需要重点了解与被审计单位自身信息化相关的一些内容，比如信息系统的主要功能、软硬件及数据库的管理等。具体来说，在了解被审计单位与信息系统有关的情况时，主要从以下几个方面进行：

（1）对组织结构和计算机信息系统概况进行调查

要了解被审计单位的计算机信息系统情况，应先了解被审计单位组织部门对系统的控制情况。在管理集中度较高的单位，系统的设计相应也是集中式、系统性的，数据由下级部门录入并上传，下级部门可能了解数据结构，也可能根本不知道数据结构；下级部门在上传前可能会对数据进行具体的处理，也可能不进行任何处理，只上传原始数据。通过对管理体制的调查，审计人员可以对内部控制有较为深入的认识，为以后评价控制风险、确定索取哪些技术资料以及索取的方式等提供依据。此外，需要对计算机信息系统的概况进行调查，调查的主要内容包括硬件设备和软件系统，如调查硬件设备的配置情况和软件系统之间的关系等。

（2）对被审计单位的数据及数据库进行调查

通常情况下，审计人员要通过搜集并阅读数据库设计开发过程中的文档来了解被审计单位在数据库方面的建设情况。审计人员要了解数据库总体结构，包括数据库总体布局、各级服务器上的数据库内容、各数据库之间的关系等，从而决定从哪一个层次采集数据、采集哪个数据库的数据，甚至可以决定采集哪个数据库中的哪些表。一般选择数据量比较大，数据之间钩稽关系较多、较明确，容易出现各种错误的数据库进行采集。

（3）对被审计单位信息系统运行效率和效果进行分析

一般来说，被审计单位信息系统运行得越好，效率就越高，相应地就越能够保证被审计单位业务的顺利处理，效果也就越好。因此，在了解被审计单位信息系统状况时，需要分析被审计单位信息系统运行的效率和效果，如果信息系统运行有效率，那么它产生风险的可能性就会降低，就可以确立一个较高的可接受审计风险水平。

（4）对被审计单位信息系统内部控制的合理性和有效性进行分析

在大数据环境下，企业内部控制的设计发生了很大的变化，大部分控制措施都以程序的形式固定在信息系统中，在很大程度上依赖于计算机处理。但是，计算机程序设置的内部控制制度执行得如何，关键还在于实际操作人员是否执行到位，如果操作不规范，内部控制制度照样形同虚设，存在较大的风险。一般来说，内部控制设计得越合理，越符合被审计单位在大数据环境下的工作特点，内部控制制度执行得越好，那么可接受的审计风险水平就越高。

（5）对被审计单位管理人员处理信息系统方面问题的综合能力进行评估

如果被审计单位管理人员处理信息系统方面问题的综合能力较强，那么就可以在最初确定一个较高的可接受的审计风险水平；相反，如果被审计单位管理人员在很多情况下要依赖外聘的计算机专家或者相关专家的帮助，那么就需要确定一个较低的可接受的审计风险水平。

### 2. 综合评估被审计单位的审计风险水平

在对被审计单位信息系统各个方面进行调查与分析之后，综合考虑各方面的因素，通过主观判断可以给出一个被审计单位可接受的审计风险水平。

### 3. 结合审计单位自身资源确定可承担的最大审计风险水平

为确定自身可承担的最大审计风险水平，审计单位需要从人力资源、物力资源以及其他资源三个方面来进行考虑。在人力资源方面，需要考虑自身所拥有的计算机审计方面的人员是否能满足在大数据环境下开展审计工作的需要，是否需要外聘相关方面的专家进行协助等；在物力资源方面，需要考虑本单位所拥有的计算机硬件设施和软件配置及其维护更新状况等；在其他资源方面，主要考虑审计部门自身的信息系统内部控制制度以及风险管理制度是否健全、有效等。

### （二）大数据环境下重大错报风险的评估

大数据环境下的重大错报风险包括被审计单位信息系统层次的重大错报风险和信息系统内部控制层次的重大错报风险。

### 1. 信息系统层次的重大错报风险

导致信息系统层次的重大错报风险产生的因素包括：信息系统的硬件设备发生故障、损坏，导致财务数据改变、丢失；信息系统处理数据过程的不可视性；信息系统的高度集成意味着高度的复杂性、精密性、依赖性和脆弱性，电子数据极易被篡改或非法调用；高度自动化的信息系统减少了对原始凭证的需求，导致审查的困难；信息系统存在程序设计上的漏洞，导致数据处理出错；电子数据存储在磁性材料上，稳定性、安全性和保密性较差；网络黑客、病毒的侵害易造成电子数据丢失。

### 2. 信息系统内部控制层次的重大错报风险

信息系统内部控制层次的重大错报风险主要是由于被审计单位内部信息系统的应用、操作和管理规范等安全控制制度不够健全、有效，直接影响数据的真实性、完整性和正确性，无法恰当地防止、发现和及时纠正被审计单位信息系统可能出现的重大错误。如果被审计单位信息系统内部控制没有做好，无法保证所提供的数据完整性和真实性，就会给审计工作造成较大的困难。因此，为了控制信息系统内部控制层次的重大错报风险，保障审计目标的实现，审计人员应该调查、测试和评价信息系统内部控制。

导致信息系统内部控制层次的重大错报风险产生的因素包括：被审计单位系统内部安全控制制度不够健全、有效；被审计单位的财务系统结构设置不够合理，兼容性差；信息系统内部控制设计和执行的有效性差，缺乏有效的维护和管理；防范网络远程攻击的措施不足，无法有效防止网络黑客或恶意程序的攻击；软件系统中职责权限划分不明，不相容职务没有严格分离，缺乏相互制约机制。

### 三、大数据环境下审计风险的控制

#### （一）保证所采集数据的准确性和完整性

为保证所采集数据的准确性和完整性，审计人员在审计时必须注意以下事项：认真检查被审计单位所提供的数据是否真实；确认采集到的数据是否属于审计时间范围内的财务数据；确认采集到的数据是否属于结账后的数据；确认电子财务数据是否有纸质账册、报表相配套。

#### （二）加强信息系统内部控制的审计

大数据环境下的内部控制审计包括一般控制审计和应用控制审计。一般控制审计包括：了解被审计单位的组织结构、业务处理过程中是否有恰当的职责分离；加强对内部控制应用系统开发与维护的审查；确保内部控制系统的安全，查看是否只有经授权人员才可接触的系统软硬件、数据文件和文档资料及这些资料是否有符合安全要求的备份；进行计算机操作系统、软件和程序控制审计等。应用控制是信息系统中除了一般控制以外的重要控制，是一般控制的深化，直接控制具体业务数据处理过程，为数据的完整性和准确性提供保证。应用控制审计包括业务流程审计、输入控制审计、输出控制审计等。

#### （三）提高审计人员素质

审计风险的控制实施最终要由人来完成，人才的培养是防范审计风险最有效的措施，这就要求：一方面，不断提高审计人员的道德修养；另一方面，重视对审计人员进行审计知识、信息技术、网络技术及其相应的安全控制技术方面的后续培训，不断更新和拓宽其知识面。

#### （四）不断完善审计准则和行业标准，加强立法

行业的标准、规范以及法律的监管是保证审计质量的关键。在大数据环境下，传统的审计对象、审计目标、审计范围、审计主体、审计技术和方法等发生了重大的变化，需要对现有的审计准则体系重新进行审视和思考。只有行业准则和国家立法双管齐下，才能有效地规范审计主体和审计客体的行为，从而降低审计风险。

# 第五章 大数据环境下的审计质量控制

## 第一节 大数据环境下的审计质量控制的根据

### 一、大数据环境下的审计证据

#### （一）审计证据在审计及审计质量控制中的作用

审计证据是审计理论研究和审计实践过程中不可忽视的一个重要概念，它在审计及审计质量控制中具有重要作用。可以这样说，没有科学完整的审计证据理论做指导，要想高质量地完成现代审计作业任务是不可能的。审计证据对于支持审计结论，保证审计工作质量具有重要意义；对于改进和完善审计方法，促进审计理论发展和推动审计实践的深入也具有重要作用，是进行审计质量控制的核心和基础。正鉴于此，在不同国别的审计法规和准则中，都对审计证据的重要作用及意义做了明确规定和阐述。

《国际审计准则》指出："审计人员应当通过制度遵守性审计程序和数据真实性审计程序的执行，取得充分的适当的审计证据，以便从中得出合理的结论，作为他对财务资料表示意见的基础。"

《美国会计总署审计准则》指出："审计人员对被审计的机构、计划项目、活动和职责做出判断和结论，必须取得充分的、有效的和相关的证据作为基础。"

《澳大利亚审计署审计标准》指出："审计师必须取得为有效地完成审计所必需的所有证据。"

《加拿大审计长公署审计标准》指出："应当取得足够的适当的审计证据，取得的方式可以是检查、观察、询问、证实、计算和分析，目的是为报告的内容提供一个合理的证据基础。"

《中华人民共和国审计法》在审计程序中指出："审计人员通过审查会计凭证、会计账簿、会计报表，查阅与审计事项有关的文件、资料，检查现金、实物、有价证券，向有关单位和个人调查等方式进行审计，并取得证明材料。"

具体来说，审计证据在审计及审计质量控制中的作用主要有以下方面：

（1）审计证据是证明被审事项的性质和事实的客观依据。任何一个被审事项，都必须要有审计证据来证明它有无问题的事实和问题的性质。如果没有充分可靠的审计证据就无法证明被审事项是遵循了有关的法规和准则，还是没有遵循以及没有遵循的程度和后果。例如：根据充分可靠的审计证据，可以判定被审事项是属于工作疏忽或过失所导致的错误事项，还是属于运用欺诈手段进行违法乱纪以达到损公肥私的舞弊案件；还可以判定被审事项是属于一般违反会计原则的事项，还是属于重大违法乱纪事项。

（2）审计证据是支持审计人员形成审计意见和决定并进行相应审计处理的依据和基础。任何公正的、正确的审计意见和审计决定都必须要有审计证据来支持，只有这样才能使审计意见和决定建立在可靠的客观基础之上。不重视审计证据，则审计意见和决定充其量只是一种主观的判断估计和推测。有时尽管这种判断和推测是与客观事实相符的，但是如果没有充分的审计证据予以支持，它便不具有任何说服力，也不具有权威性。因此，在审计过程中，审计人员只有坚持客观公正的态度，运用正确的方法，取得合法的审计证据，才能确定审计结果，提出正确的审计意见并进行客观公正和恰如其分的审计处理。

（3）审计证据是解除和追究行为人的经济责任与法律责任的客观依据和基础。审计证据是审计人员通过法定的审计程序收集和查定的经济事实。它不仅可以肯定行为人应承担的经济责任和法律责任，还可以否定和解除行为人不应承担的经济责任和法律责任。

（4）审计证据可以帮助审计人员认识审计的客观环境，提高逻辑思维能力和判断能力，是审计人员进行审计判断和审计推理的基本依据与基础。它可以增强审计思维的独立性、客观性和准确性，防止主观性和片面性。有助于审计人员判断、预测并减少或避免所承担的审计风险，从而降低审计费用，提高审计效率，保证审计质量。

（5）审计证据是进行审计复议和诉讼的重要依据。审计证据是形成审计意见和决定的主要依据，同时，它也是进行审计复议和诉讼的重要依据，如果没有充分可靠的审计证据作为基础，那么审计复议和诉讼是不可能胜诉的。因此，它也反证了审计证据在审计工作质量中的地位和作用。

（6）审计证据是强化审计质量控制的重要依据。一方面，审计质量控制人员可以根据审计证据来鉴别审计人员所收集审计证据的可靠性、相关性、重要性、恰当性、充分性及其证明力，并根据证明力的强弱来判定审计人员的业务技能和审计证据质量状况；另一方面，审计质量控制人员可以利用审计证据来检查和评价审计意见、审计决定的正确性和可靠程度以及审计处理的恰当性；再一方面，审计质量控制人员还可利用审计证据推定和明确审计人员所应承担的审计责任，或解除审计人员不应承担的责任。

### （二）审计证据的含义及质量特征

#### 1. 审计证据的含义

审计证据是审计人员在审计过程中，按照一定的程序，运用一定的方法取得的用以证明被审计单位经济活动真相的一切凭据。

对经济活动的遵循性与效益性进行验证是审计的主要功能和任务。在审计的执行过程中，需要为了验证目的的实现确定不同的审查目标，而这些审查目标不可避免地向审计人员提出各种不同的审计命题，这些命题也毫无疑问地需要审计人员采取各种可能的方法获取各种能证明被审对象事实真相的证明材料来加以证实，这些证明材料就是审计证据。审计作业中需要证实的命题很多，诸如：

（1）存在或不存在的命题

它既包括实物项目的存在与不存在，也包括非实物项目的存在与不存在。

实物方面的存在，例如：某企业会计报表列有固定资产项目8000万元，这是证明或评价该企业财务状况的一个重要的事实根据。要验证这一资产存在与否，则必须有证据证实。

①企业确实存有这些固定资产；

②这些固定资产的所有权属于该企业而非他人所有；

③这些固定资产的价值确实是8000万元；

④除报表反映的这些固定资产外，企业不存有其他隐匿未报的固定资产。

上述关于固定资产存在的证明，表示这些证据能够证明这些固定资产的存在及其状态。包括它的不存在，它的数量，账面价值及其保值状态。只有这些证据完整，才能证明报表所列示的8000万元固定资产是正确的。

除实物方面的存在外，财务报表中还包括许多有关非实体资产和实有负债的声明。应收账款、商誉、专利、商标和应付账款以及其他负债都是审计人员无法直接检查的非实物方面的存在。虽然这些非实物存在都有一定的凭据和记录，但却不可能对这些资产和负债本身进行检查。所以在这方面，审计人员不能得到像实物资产那样可亲自验证的强有力的亲历证据，只能获取一些符合逻辑的推理证据。

财务报表不仅申明表列项目的存在，而且还申明未列入表内的项目的不存在。认识这一点是非常重要的。如果资产负债表中负债部分未列有应付票据一类的负债项目，那么，则表明该公司不存在此类负债。同理，如果资产负债表中资产项目未列有小轿车一类的固定资产，则表明该公司不存在此类资产。这类否定式命题向审计人员提出了不同的命题。首先，与肯定式命题不同，否定式命题没有被明确地陈述出来，有时难以引起审计人员的注意，容易被忽略。其次，更难收集较为有效的审计证据。诸如对于账外资产的发现和证实，对于隐匿负债的发现和证实，对于隐瞒收入或利润的发现和证实等，以及证明这些未列项目的确不存在等问题。

（2）已为事项的命题

已为事项属于过去的时态序列，行为已完成。对于已为事项的审计，需要循着已有的证据可提供的线索向前追寻。有时只需做一些重要的检查和验证，有时则需要对已为的事项做全面详细的了解，甚至重复已为的行为。例如：某公司向审计机关要求审计复议，认为原审计结论中认定的偷漏税行为不存在。这是对已为事项的审查，要验证其确实存在与否，则必须有证据证实。

①该公司的计税期间是正确的；

②该公司的应计税种是正确的；

③该公司的计税依据是正确的；

④该公司的适用税率的选择是正确的；

⑤该公司的税额计算是正确的；

⑥该公司关于应纳税额的申明是正确的。

只有回答了上述命题，才能充分证明该公司确实没有偷漏税行为。它包括对应税期间、应税范围、应计税额、适用税率以及税额的计算和申明等已为事项的证明的命题。

（3）计算的命题

指对于被审事项所涉及的数学运算的正确性的判明。在账务处理和成本计算中都包括一系列的数学运算，其中有些是简单的计算，例如各账户总计的平衡关系，总分类账与有关明细账的钩稽关系等。有些则含有较为复杂的运算。例如费用的归集和分配，既涉及若干计算步骤，还涉及一系列会计运算规则，需要运用一定的分配公式等。

（4）性质的命题

指对被审事项所具有的性质的判明。它是审计工作中的又一重要命题，它是对已验证事项的判断和推理，确定已为事项和被证实事项的性质及责任归属。例如：库存物资的短损，属于自然损耗，还是营私舞弊；重大决策失误是主观上的原因，还是客观上的原因，有关责任人员应负什么样的责任等。

通过对于审计命题的简述，可以清楚地看出审计证据是审计工作中一个非常重要的概念，它对于解释和证明被审事项的事实真相，对于支持审计结论并进一步对于违纪问题的处理都具有重要的作用。从一定意义上说，审计过程就是收集和鉴定审计证据最后形成审计意见和审计决定的过程。审计证据的收集和鉴定是审计工作的核心内容，是决定和提高审计质量的关键。它对于审计程式的设立、审计程序的设计、审计方法的选择等方面的运用和研究都具有重要的影响。

由此，可以看出，审计证据的基本含义主要应该包括以下方面：

①审计证据是客观存在的事实，这些事实与应证事项有关；

②审计证据能够证明被审事项的真相；

③审计证据能够满足各种不同的审计命题需要；

④审计证据是审计人员经过法定程序和运用专门方法获得的并经过查证落实和经得起检验的事实。

它包括三个方面：虽然是一种客观事实，但未经审计人员发现和获得的不能成为审计证据；虽然是一种事实，但未采取法定程序获得，这种证据不具合法性，也不能成为合法的审计证据；虽为审计人员获得，但经不起事实的检验，也不能成为审计证据。

2. 审计证据的质量特征

审计证据的质量特征反映了审计命题对审计证据的需要和审计决定对审计证据的质量要求。审计人员在审计工作过程中，面对繁杂的经济现象以及与此相关的凭证、账簿、报表和其他资料时，要发现、鉴别和收集审计证据，就需要明确审计证据的基本特征。审计证据的基本特征主要有可靠性、相关性、合法性、重要性、适切性和充分性。

（1）审计证据的可靠性

有的称为客观性，有的称为真实性。它指的是审计证据必须是客观真实的，是可靠的，不可靠的不能作为审计证据。任何反映经济活动的凭证、记录、核实资料以及其他有关资料，总是与各种具体的事物发生着联系而客观存在着，审计人员可以借助于这种联系查明被审计事项的真实情况，因此，审计证据是一种不以人们意志为转移而独立存在着的客观事物，例如各种实体资产、账簿、报表、会计凭证、业务往来的函电、各种业务记录、合同、议定书、会议纪要、技术鉴定结论、证人证言、陈述资料、录音、录像、证明，等等。只有这种独立存在的客观事物，才能作为审计证据；不是这种独立存在的客观事物，或凭主观臆测、怀疑和想当然的东西，不能作为审计证据。

审计决定依靠审计证据的支持，审计决定的可靠程度也就建立在审计证据的可靠程度之上。但审计证据的客观真实性是相对的，并不是审计人员认为符合客观事实的审计证据，就一定能够与客观事实完全相符。由于审计环境、审计技术等因素的限制，完全的客观真实是很难做到的。一方面，获得完全客观、真实的审计证据，所花费的时间和费用也不是一般性的审计工作所能允许的；另一方面，即使是完全的客观真实也要靠审计人员的发现、甄别、评判和鉴定，它也是审计人员进行审计思维和评判的产物，只是观念上的客观真实，并不是直接的客观真实。客观存在的事实材料只有被审计人员发现并认可才能成为审计证据。这也是审计风险形成和存在的主要原因。因此，我们认为，对于审计证据而言，使用"可靠性"概念，比使用"客观性"和"真实性"更为科学。因为，"客观性"与"真实性"只是说明客观真实的存在，而"可靠性"却揭示了审计证据的可靠程度与所反映的客观事实之间的关系。审计证据的可靠性，指的是它与客观实际接近的程度，越是接近客观实际的证据，也就越可靠。

不同类型的审计证据，具有不同程度的可靠性，对于不同来源，以不同方式获得的审计证据，可以对其可靠程度做以下假设：

①审计人员直接获得的审计证据比间接获得的审计证据更为可靠。

②向独立的第三者询问比向被审计单位询问获得的审计证据更为可靠。

③核对外来证据比核对内部证据获得的证据更为可靠。

④在健全的内部控制系统中形成和获得的证据，比在内部控制系统较差的条件下形成和获得的审计证据更为可靠。

⑤受应证事项责任人支配程度越小，篡改和伪造的机会越少，其可靠性程度越高；反之，受应证事项责任人支配程度越大，篡改、伪造的机会和可能性越多，则其可靠性程度也就越低。

（2）审计证据的相关性

它指的是所取得的审计证据与应证事项的联系。亦即所获得的审计证据与应证事项和审计目标具有一定的内在联系。每一个审计事项都有特定的审计目的和要求，由此，也就产生了特定的审计对象和审计范围，明确了审计证据的搜寻区间，审计人员就在这个区间范围内发现和收集审计证据。因此，面对繁杂的经济活动，审计人员不可能也没有必要把所有的经济活动都搞清楚，审计人员所需要的只是那些与证明被审事项和支持审计结论有关的证据。如：在财务收支审计中，审计的目的是要确定被审单位对经营成果和财务状况所做的报告是否真实，是否遵循了有关的会计原则，报告所反映的经济活动是否合法、合规等；在经济效益审计中，审计的目标是要确定被审计单位的经济活动在合法经营的前提下，是否实现了预期的经济效益，其效益责任的履行程度如何等。因此，在审计工作中便要围绕这些审计目标收集所需要的审计证据，与此无关的事项都不能作为审计证据。只有具有相关性的审计证据，才具有相应的证据力和证明力；反之，则不具有证据力和证明力。

例如：根据审计项目的目标要求，需要证明被审计单位无形资产的真实性和合法性。面对这一审计命题，审计人员应紧紧围绕能证明无形资产的真实性和合法性的资料收集审计证据。诸如审查被审单位对其所反映的无形资产是否具有所有权，是否有偿取得，取得的程序是否合法，计价和分摊是否合理等，并根据审查结果取得审计证据。凡与此有关的作为审计证据，凡与此无关的则不能成为审计证据。

（3）审计证据的合法性

是指审计证据的取得必须符合法定的取证程序。并不是一切事实材料都能成为审计证据，只有经审计人员依照法定程序取得的事实材料才能成为审计证据。不是按照有关法规规定的审计程序获取的证据，对于应证事项不具有法律效力，它主要表现为三个方面：一是收集证据的主体必须是执行该项审计任务的审计人员，审计机关依法独立行使审计监督权，授权审计人员查证、认定有关被审单位经济活动的事实和资料作为审计证据。而与本案无关的其他审计人员或其他非审计工作人员从其他渠道收集的事实和资料不能作为审计证据；二是审计人员因审计工作需要所取得的事实和资料作为审计证据，其非审计工作过程中所取得的事实和资料不是审计证据；三是审计机关及其审计人员只有在其管辖范围内或上级审计机关授权范围内，按规定的程序取得的事实和资料，才能作为审计证据，超出范围的便不能成为审计证据。诸如道听途说的资料，偷拍的照片、录像，采取诱供、套供手法获取的资料等采取非法手段获取的证据；或采取胁迫、诱骗等方法使有关责任人在证据材料上签字就范等都不能作为审计证据。

可靠性、相关性和合法性是审计证据构成的基本要素，不同时具备这三个条件，便不能构成为审计证据。即每一审计证据，第一必须是一种不以人们意志为转移的、独立存在的客观事实；第二必须与审计事项有一定的内在联系才具有充分的证明力；第三必须是审计人员依照审计法规规定的审计程序收集和查证而取得的书面证明。

审计证据除具有上述三个最基本的特征外，还具有重要性、适切性和充分性等基本特征。

（4）审计证据的重要性

它是指审计证据对于审计决定支持的有用程度。收集到的证据是否有用，还取决于该项证据的内容对于评价审计事项和支持审计决定是否具有重要意义，这就是重要性。它反映事物的本质，对整个审计过程乃至审计意见和决定的表达都起着直接重要的作用。

审计证据内容的重要性包括两个方面：一是根据反映金额的大小来判断证据的重要性。一般来说，对于同样的证据，金额大者比金额小者更为重要。二是根据证据所反映问题的性质来判断证据的重要性。问题的性质不同其重要性程度也就不同。一般来说，会计上的弊端比会计上的差错更为重要。

（5）审计证据的适切性

也可称为审计证据的恰当性。它是指审计证据与其所证实问题的相关程度以及其本身的可能性。也就是说，证据是否能最适切地说明应证事项所具有的性质，并且是可能的。《国际审计准则》在论述审计证据时指出："充分和适当是互为关联的，适用于制度遵守性审计程序和数据真实性审计程序两方面取得的证据。充分性是指取得审计证据的数量程度；适当性是指关于审计证据的中肯性和可靠性。"

（6）审计证据的充分性

它是指审计结论对于支持它得以成立的审计证据的数量要求。同时，它也是充足理由律对于审计结论和审计证据提出的客观要求。只有理由充足，提出的审计结论和做出的审计决定才具有充分的说服力。审计过程中，收集全部的审计证据既不可能，也没有必要。但审计人员在收集审计证据时，不仅要考虑审计证据的可靠性、相关性、重要性和适切性等因素，同时还应当考虑审计证据收集的充分性。即收集多少审计证据才能充分证明审计事项，才能有把握地发表审计结论。首先，要做到充分，证据的说服力必须达到一定的程度使之能够表达审计意见，对说服力程度的要求取决于审计质量所要求达到的保证程度。其次，导致同一审计决定的审计证据的增加具有相互印证作用，这种联合的说服力程度高于单独的审计证据的增加。再次，证据的质量对于证据的充分性也相当重要，即分析所获得的审计证据能否充分反映被审事项的本质，证据越能反映本质，所需的证据数量就可越少。此外，对立证据状况对审计证据的充分性也有着重要影响，对立证据数量越少，对审计事项的反证证明力越低，审计证据就可能越少。反之，满足证据充分性要求的审计证据数量就越多。

### （三）审计证据的种类

审计过程中所能收集到的审计证据种类很多，内容繁杂，并且不同的审计证据其证据效力也各不相同。因此，科学正确地进行分类并较为全面地认识其证据特点和习性，对于对审计证据进行分析、整理和评定，对于提高审计证据质量及收集效率具有重要作用。根据审计证据的基本特点，审计证据可按不同的标志进行分类。

**1. 按证据所反映经济活动的内容是否真实分类**

（1）真实证据

真实证据指真实地反映了经济活动实际情况的证据，但它并不说明所反映的经济活动是否合规、合法和合理。例如：按照经济业务的实际情况编制的各种会计凭证、账簿和报表；对某件实物、某个场所的照相、录音和录像；被调查人所提供的符合实际情况的证词等。

（2）不真实证据

不真实证据指没有客观、真实地反映经济活动的实际情况的证据。但不真实证据并不等于它不能成为审计证据，它本身是一种真实的审计证据。不真实证据又可细分为不实证据、篡改证据和伪证三种。

①不实证据

不实证据指无意识地夸大、缩小或歪曲地反映经济活动的证据。例如：会计人员记账时把 4000 元误记为 40000 元。

②篡改证据

篡改证据指当事人用作弊手段，蓄意改动或歪曲了经济活动内容的证据。例如，用不正当手段涂改原始凭证或记账凭证，增减其内容或涂改数字。如将 3000 元改为80000 元等篡改证据，虽然有时手法非常巧妙，但是篡改了的经济活动内容破坏了正常的经济活动规律，扰乱了正常的业务钩稽关系，必然会引起账目不平或账账不符、账证不符或其他的经济活动异常现象等，涂改也会留下蛛丝马迹，只要审计人员细心观察是能够予以发现的。

③伪证

伪证指在根本没有发生证据所反映经济活动的情况下，用作伪手法伪造的经济业务凭证，以及在审核检查和调查了解过程中碰到的虚假证词或书面证明。例如：假账、假发票、假支票等。

2. 按证据提供的逻辑证明类型分类

（1）正面证据

正面证据是指直接证明某项审计命题的证据。它径直指向被审事项，从问题的正面入手，证明审计事项的性质及程度。审计工作中所收集到的绝大部分审计证据都属这一类。

（2）反面证据

反面证据是指经过合理程度的仔细搜寻后，没有发现与被审单位陈述相抵触的证据，因而从反面证明被审单位有关命题的陈述是正确的。

例如：在对某公司负债状况进行审核时，该公司申明没有应付 ×× 企业账款7000 元。对于这一命题，如果审计过程中，审计人员没有发现与此项债务有关的会计凭证和记录，也没有发现有效的外部证据。则审计人员可以在没有正面证据的情况下，根据已掌握的情况，从反面证明该公司确实不存在该项债务。

3. 按证据的功能分类

（1）直接证据

直接证据也称基本证据，是指对应证事项具有直接作证功能的证据。它是从经济活动本身的现象乃至事实中取得的。一般情况下，实物证据和书面证据大多能成为直接证据。例如，在审计过程中发现的伪造发票、收据和涂改的单据等审计证据，都能直接证明所存在的舞弊事实。直接证据比间接证据的证明力强，因为间接证据未接触到经济活动本身的事实，只是对经济活动的一种反映，而直接证据是通过直接接触事实本身而取得的。

（2）间接证据

间接证据也称佐证证据，是指对审计事项具有间接佐证功能的证据。即旁证材料。它对直接证据具有支持作用，例如，能够支持直接证据的口头证据、揭发材料、职工意见等，间接证据的证明力，取决于它与其他证据的结合。审计人员在审计过程中，应当努力搜集直接证据，但也不可忽视间接证据的作用。其具体作用表现为：一、它是审计侦察工作中发现违纪犯罪活动的先导，能够为寻找直接证据提供线索。因为，在经济活动中，许多舞弊行为很具隐蔽性，审查的初始阶段较难获得直接证据，较多的是依循着间接证据发现和获得直接证据。它是鉴别直接证据真伪的有力手段，因为一般要将直接证据与间接证据对照查核，才能作为认定审计事项事实的根据。二、对直接证据具有支持作用，使直接证据更为充实和有力。三、能够成为做出某些审计意见和决定的重要依据。因为，有的审计事项由于种种原因，可能搜集不到直接证据，只能依靠间接证据对审计事项的事实进行证明和发表审计意见。

（3）矛盾证据

矛盾证据指证明方向与基本证据相反或证明的内容与基本内容不一致的证据。审计人员发现矛盾证据时，应采取谨慎态度，对基本证据和佐证证据进行分析、推理和判断，必要时应扩大审计证据的收集范围和收集数量，以排除证据之间的矛盾，查清事实真相，使审计证据可靠、完整、真实，以保证审计结论的客观公正。例如，在审计工作中，审计人员已掌握了大量的证据，证明被审计单位有明显的利用多转销售成本隐瞒利润行为，同时却发现了一笔少转销售成本的现象。于是审计人员扩大了审查范围，结果查明，该笔少转销售成本业务是被审计单位故置疑点，以迷惑审计人员，并且该笔业务少转成本的数额也不影响审计人员对认定的违纪事实进行定性。

**4. 按审计证据取得的来源分类**

（1）亲历证据

亲历证据是审计人员目击或亲自在被审计单位重新执行某些活动而取得的证据。它又可分为：

实物证据：指审计人员亲自监督或参与材料盘点等行为而取得的证据。

执行证据：指审计人员重新执行被审计单位一部分业务而取得的证据。例如，重新计算一遍产品成本所获得的结果。

行为证据：指由审计人员观察到的被审计单位有关责任人及职工的行为所构成的证据。例如：职工的出勤情况，内部控制系统的运行情况等。

（2）内部证据

内部证据指审计人员在被审计单位内部所取得的证据，它一般包括会计记录、内部凭证和内部人员陈述三类。

（3）外部证据

外部证据指审计人员从被审单位以外的第三方所取得的证据。它一般又分为第三方陈述和外来凭证两类。

（4）分析推理证据

分析推理证据指审计人员在客观事实基础上通过分析推断所取得的证据。从法律上说，证据必须是真实的，但在审计工作中，由于实际情况不同，有时可根据已获得的审计证据进行分析推理取得审计证据。例如：有关专家对于某项工程质量的鉴定结果，对于机器磨损程度的鉴定。又如审计人员根据已有的审计资料，计算得出的资金利润率、设备利用率等指标。

### 5. 按证据存在的形态分类

（1）实物证据

实物证据指审计人员通过盘查各种有形资产的实在性而取得的证据。如对于固定资产、原材料、产成品、库存现金、有价证券等的盘查。一般来说，经过盘存检查获取的实物证据是最可靠的审计证据。

（2）书面证据

书面证据指审计人员通过审查会计资料及其他经济活动资料而获得的证据。书面证据是审计人员收集证据的主要部分，是审计证据的基本形态，也是形成审计意见和决定的重要基础。

（3）口头证据

口头证据指审计人员向与审计事项有关的人员询问而获得的口头说明或答复。由于口头证据往往夹杂提供者个人的观点、意见或感情倾向，并且缺乏系统性和条理性，因而这种证据的证明力较弱。但它可以为审计人员进一步搜集实物证据或书面证据提供机缘或线索。因此，有经验的审计人员，很善于利用口头证据提供的线索进行重点突破，很快抓住问题的关键和实质，从而查明审计事项的真相。

（4）环境证据

环境证据指对被审计对象产生影响的情况或环境，也称情况证据。环境证据能够帮助审计人员了解被审计单位及其所处的环境，以及审计事项发生的原因，为进行正确的审计判断和明确责任归属提供依据。

### （四）审计证据的收集

### 1. 查阅资料

阅读被审计单位的财务报表、有关的文件、经济合同及有关的经济活动分析资料。由此可获得被审计单位的经济活动全貌，对被审计单位的经济活动有一个大概了解，并注意审查其真实性、合法性、合规性及效益性状况。特别是阅读被审计单位的财务报表非常重要，它能够给审计人员提供较为全面的经济活动信息，包括资金状态，负债情况，经营规模，资产保值情况、销售情况以及取得的经济效益情况等。从中分析资金结构是否合理，各项经济业务的钩稽关系是否合理、正确，有无异常现象等。它是进一步审查账簿和财务凭证的先导和前提。如果没有阅读财务报表，一开始便着手审查账簿与凭证，则往往有入其室而不知其处之感，其结果可能是事倍而功半。

2. 实际检查

实际检查是审计检查的基本内容，在查阅资料的基础上，对有关的账簿、凭证和有关的经济活动资料进行重点检查，它既可采用重点详查的方法，也可采用全面抽查的方法，还可以采用重点详查与全面抽查相结合的方法，具体采用何种方法，可根据审计目标要求和审计证据收集需要确定。

检查的内容主要包括：账表、账账、账证、账实是否相符；账务处理程序是否遵循公认的会计原则；经济活动是否符合有关法规及规章制度的要求以及效益性如何；各项经济业务之间是否保持着正常的逻辑关系；有无违反规律及异常现象；查出的问题是属于一般失误，还是属于违法乱纪等。

3. 现场观察

现场观察是审计人员必须施行的程序。审计人员亲临现场，对被审计单位的环境状况，实物资产、现金和有价证券等实物状态的资产进行现场观察和盘查。现场观察可由审计人员独立进行。例如，到财会部门观察财会人员的分工作业情况，账务的处理程序、会计资料的保管情况，现金及有价证券的存放情况等；到仓库检查原材料、其他材料及产成品的存放情况，原材料及产成品的性能保护情况等；到车间或施工现场，观察生产的运转情况，机器、设备的功能及维护情况，工程的质量情况及进度等。现场观察也可会同被审计单位人员共同进行。例如会同被审计单位负责人、财务主管及有关人员，到现场核查资产盘点过程及结果等。现场观察非常重要，它能使审计人员了解和掌握第一手资料，获得强有力的亲历证据，增强审计证据的证明力。

4. 查询和证实

在大多数审计过程中，查询技术的运用已成为不可或缺的审计方法。查询可以采用书面形式也可以采用口头形式。一般来说，函询的可靠性优于口头询证，一是采用函询方式，询证内容落于纸面，被询者一般比较谨慎和严肃；二是函询的答复条理性优于口头询问。

查询方法对于由第三方保管的资产或涉及第三方的应收应付账款的实质性测试，对于证实本单位内部员工的应收应付账款都是有效的方法。同样，对于一些其他的经济往来事项，如采购或销售的数量和价格等问题的询问也是十分有效的。查询法特别是函询法是西方审计中实质性测试最为广泛应用的技术之一，而且获得证据的费用较低。

需要说明的是，查询所获得的审计证据并不具有最终证明力，要获得最终证明力，还必须对查询结果进行深入的检查和取证，取得确切的证据。它是查询结果的有力的佐证，为进一步证明审计事项的本质提供了可能。

例如：当审计人员怀疑某项采购业务的价格方面有舞弊嫌疑，向销货方询证其销售价格时，经过函询，销货方复函肯定其销售价格与采购价格不符时，并不能确定该项业务确有舞弊行为。为进一步查清真相，应重新审核采购发票，如果仍查不出端倪，则应派人去核实销货方的发票存根，或向销货方发函索要该销货发票的复印件。只有取得了确切的证据才能定案。

影响查询证据可靠性程度的因素主要有：查询对象的业务技能及业务素质，查询程序的科学性，被询问者的负责态度及对询证函的理解能力，被询问者与有关责任人有无共谋舞弊行为或共同利益。

5. 重新执行

重新执行也是审计取证常用的一种方法。通过重新执行可以检查原来执行的程序是否合理，方法是否得当，结果是否正确。如重新核算产品成本，重新核算产品销售成本，重新编制财务报表等。重新执行会计例行手续，在不同程度上可以应用于各种认定的实质性测试。在实质性测试中，由审计人员直接地重新执行会计的例行手续，所取得的核算资料，通常是检验初次执行时准确性最可靠的审计证据。

6. 分析推理

审计工作中，允许审计人员在忠于客观真相的基础上，根据已获得的审计证据，运用科学的方法对审计事项的某些方面进行符合事物变化规律和逻辑规律的分析推理并获得审计证据。通过分析推理获得审计证据与审计人员的主观臆测具有本质的区别。首先，分析推理的基础是经过审计认定的符合客观实际的客观事实。其次，分析推理所运用的方法是科学的论证和分析，它是遵循客观规律办事的产物，分析推理所取得的审计证据能够经得起时间的考验。在现代审计中，分析推理方法一般运用于：在事前审计中，审计人员从被审计单位所处的经济环境和经营实绩出发，经过分析推理得到某一方面的结论，并以此佐证和支持审计意见和结论的正确性；在大型综合审计中，以某些单项审计结论作为综合审计项目的证据，并以此论证审计总目标的状况和性质，得出审计结论；在审计过程中，就某些专项技术问题聘请有关专家提出鉴定结论，或根据分析推理建立审计假设，并以此取得审计证据。

## 二、大数据环境下的审计依据

### （一）审计依据的含义和特点

审计依据是审计人员据以开展工作并用以衡量被审计单位经济活动合法性、合规性和有效性的标准，同时也是审计人员进行审计评价和对违纪事项进行处理的依据。

审计依据在审计工作中的作用至关重要。首先，没有审计依据就不能开展审计工作；其次，没有审计依据就无法收集审计证据；再次，没有审计依据，就不能进行审计评价、定性和审计处理。可以说，没有审计依据，审计既没有存在的前提，也没有存在的可能。因此，审计依据既是审计的依据，也是审计质量控制的依据和主要内容。

审计依据、审计证据和审计准则是三个不同的概念。审计依据是审计人员用以评判经济活动的性质及程度，并据以提出审计意见，做出审计结论和进行审计处理的客观依据；审计证据是审计人员以审计依据为准绳所收集的反映经济活动遵循或违背审计依据的凭据；审计准则是审计人员以审计依据为标准搜集审计证据提出审计意见、做出审计结论并进行审计处理所应遵循的行为规范。

审计依据的特点主要有以下几种。

1. 审计依据的权威性、严肃性和科学性

审计结论、审计意见或建议和审计处理的权威性和可接受性，在很大程度上就源于审计依据的权威性、严肃性和科学性。首先，审计依据有权威性。因为制定和颁布这些依据的机构都是国家的立法机构或权威机构。如国家的宪法、法律、法规，国务院各部委制定的政策、规章，地方各级人民政府制定的政策、发布的命令、指示，国家颁布的各项经济技术标准等。

审计依据具有严肃性。特别是一些法规依据是判定经济活动符合不符合，合法与非法的客观依据，它的执行是严肃的，判定也是严肃的。符合就是符合，不符合就是不符合，合法即为合法，非法即为非法，不能折中，不能调和，也不能模糊。

审计依据具有科学性：（1）作为法规依据的审计依据是科学的，它是符合事物发展规律的；（2）作为经济效益评判依据的审计依据也是科学的，其各项依据是在反复实践、反复检验过程中，经有关权威部门或机构制定的，反映了经济发展的规律。例如，经济效益审计的评价依据。

2. 审计依据的相关性

用作衡量标准的审计依据，必须与它所要衡量和标度的经济内容紧密相关，既不能把与被审事项无关的法律、法规当作审计依据，也不能把与被审事项有少许关系或连带关系的政策法规当作审计依据。一定要把握运用与被审计事项有直接关系、最能反映被审计事项本质的作为审计依据。有时可能发现几种审计依据互有关联，有时可能是互相矛盾的，这时就要在深入研究的基础上，来考虑审计依据的权威性、层次性、时效性及其他特征，抓住事项的本质，选择最为合适的审计依据。只有这样，审计依据才具有应有的效力。否则，如果生拉硬扯，牵强附会，或者无限上纲，或者大事化小，都不能发挥审计依据应有的作用，其结果必然导致判断失误，定性不准，处理失度，影响审计质量，损害审计的权威性和严肃性。

3. 审计依据的层次性

审计依据具有明显的层次性特点。一是最高层次，为国际法规或指南，国家的宪法法律、法规；二是为国务院各部门制定的政策、法令；三是为地方各级人民政府制定的政策，发布的命令指示；四是为地方各级人民政府各有关部门制定的政策细则、规章制度；五是为被审计单位主管部门的行业管理规定和下达的计划指标等；六是为企业职工代表大会、股东代表大会、董事会、监事会的决议、章程等；七是为被审计单位与有关部门签订的经济责任合同、任期责任目标等；八是为被审计单位制订的各项计划、决议等。

审计依据的层次越高，权威性越高，原则性越强，执行的弹性区间越大，违反的责任性越重，其有效覆盖面越大。反之，层次越低，其内容越具体，权威性相应减小，执行的弹性范围越小，有效覆盖面也就越小。因此，审计人员在具体运用时，要明确审计事项的性质和程度以及与审计依据之间的必然联系，选择正确适当的审计依据。一般来说，如果与上一层次或最高层次的审计依据没有抵触，可选用靠近层次的审计依据；如果与上一层次的审计依据有抵触，应选择上一层次的审计依据，以维护国家的宏观经济效益和保证国家政策、法令的畅通无阻。

### 4. 审计依据的区域性

审计依据还具有区域性特点。不同区域的审计依据不能通用。不同区域的法令、政策是根据各自的经济发展特点和要求制定的，它并不一定适应其他区域的经济发展；再者，审计依据多数是法规和政令，它的有效区间不能超越其立法区间和行政区间。因此，审计人员在运用审计依据判别审计事项时，要注意审计依据的有效区域。否则，则可能会南辕北辙，终非所愿。

### 5. 审计依据的时效性

审计依据有着相对的稳定性，但它不是一成不变的，它有着明显的时效性。随着国家法规体系的完善，随着经济体制改革的进展，随着经济发展，随着技术革命的进步等，审计依据也需要做不断的调整和发展。特别是在现阶段，经济体制改革的逐步深入，各项经济政策、法令、法规都在迅速地更新和完善。例如：《审计法》的施行，原来的《审计条例》即行废止；新税法的颁布，原来的相应法规也就废止了等。因此，审计人员应及时收集、学习和掌握新的政策、法规和各项规章制度，只有这样，才能适应不断发展变化的经济环境对于审计工作提出的新的要求，才能保证审计质量和提高审计权威。

### （二）审计依据的内容

#### 1. 按其来源不同分类

（1）被审计单位内部制定的审计依据

如被审计单位内部制订的各种计划、定额、指数、决议、规章、制度等。它们是进行内部审计的依据，也可作为外部审计的参考依据。

（2）外部部门制订的审计依据

如国家的法律、经济法规、各项政策、法令、会计制度、会计准则、审计准则等。在涉外审计中，除我国的审计依据外，还要援引国际经济法规、国际会计准则和国际惯例作为审计依据。

#### 2. 按审计的基本类型分类

（1）财务收支审计依据

财务收支审计是遵循性审计，或称为合规性审计。它的主要目的是证明被审计单位是否遵循了它应该遵循的财经政策、法规、规章及有关的会计准则，其经济活动的真实性、合规性及合法性如何。因此，其审计依据主要包括各项财经政策、财经法规、规章制度及有关的会计原则。

（2）经济效益审计依据

经济效益审计是一种结果性审计，它不仅审查经济活动的遵循性、合规性情况，同时还审计经济活动的结果是否遵循了有关的经济效益原则，达到了预期的经济效益目标。因此，其审计依据除财务收支审计依据外，还包括各项经济效益标准，经济技术数据和各项经济技术指标等，如按照经济效益要求所应达到的国家标准、部颁标准、单位内部的计划、预算等。

（3）经济责任审计依据

经济责任审计与财务收支审计相关联，它又不同于一般的财务收支审计。它的审计目标主要倾向于鉴证被审计单位规定的经济责任履行情况，以明确有关责任人所应承担的经济责任，其审计依据除一般的财务收支审计依据外，还包括有关经济责任方面的经济责任合同、任期目标责任书等。如承包经营审计、任期目标审计、租赁经营审计、离任审计等。

3. 按审计的程序和内容分类

审计工作依据。指开展审计工作所必需的依据。如宪法有关条款、审计法等。

审计计划依据。指编制审计计划的依据。如国家指定的审计任务，上级下达的审计任务，地方各级政府安排的审计任务等。

审计检查依据。指进行审计所必需的各项依据。领受任务方面的，如审计计划、审计指令等；作业规范方面的，如审计法规、审计准则、审计道德规范等；作业内容方面的，如各项财经法规、会计原则、单位内部的各项审计依据等。

审计定性依据。指进行审计定性的依据。如有关的法律、各项财经法规、财经纪律、规章制度等。

审计处理依据。指进行审计处理的依据。如审计法、各项有关的财经法规等。

审计报告依据。指编制审计报告所应遵循的依据。如审计法、审计准则等。

4. 按其性质、内容分类

（1）国家法律、法规和政策

法律是指拥有立法权的国家机关依照立法程序制定和颁布并由国家司法机关强制执行的行为准则。

法规、条例是指除法律外的法令，如国家行政机关制定的规范性文件。

政策是指由国家各级政府制定的指导经济活动的方针和指导思想。

我国可用作审计依据的法律、法规主要有：宪法、民法、刑法、经济合同法、涉外经济合同法、中外合资经营企业法、外国企业所得税法、中外合资经营所得税法、外贸法、行政复议条例、反不正当竞争法、公司法，行政诉讼法、审计法、注册会计师法、预算法、会计法、统计法、破产法等。这些法律、法规可用来衡量被审计单位经济活动的合法性。

（2）规章制度

作为审计依据的规章制度一般有两大类：一类是由国家主管部门、地方行政主管部门制定的规章制度；另一类是由单位内部制定的规章制度。

由国家主管部门制定的规章制度有财务制度、各种会计制度、成本核算制度、成本管理制度等。

由单位内部制定的规章制度有企业内部控制制度、奖金分配制度、质量管理和控制制度、各项经济责任制度、奖励制度等。

（3）预算、计划、经济合同

如国家机关事业单位编制的预算、上级或主管部门下达的计划、单位内部计划、被审计单位与其他单位签订的合同等。

（4）业务规范、技术标准

如产品或劳务的质量标准、人员配备定额、原材料消耗定额、能源消耗定额、生产设备利用标准、劳动生产率、资金利润率等。这些标准按其适用性和制定级次，还可分为国际标准、国家标准、部颁标准、企业标准等。

（5）会计准则和审计准则

会计准则如果由国家行政机关颁发，也可认为是一种规章制度。如财政部颁发的企业会计准则和企业财务通则。但就目前状况而言，我国的会计准则还有待于进一步完善。西方国家公认的会计准则是由民间会计组织颁发，而且公认会计准则是审计依据中最重要的组成部分。

审计准则也是审计工作不可缺少的重要依据，它是审计人员进行审计作业的行为规范，对于保证审计质量，明确或解脱审计责任具有重要作用。

大数据环境下的审计质量控制的根据还包含有审计假设、审计风险、审计责任等方面，篇幅所限，这里不再赘述。

# 第二节　大数据环境下的审计质量控制模式与方法策略

## 一、大数据环境下审计质量控制模式概述

### （一）审计质量控制模式的设计原则

审计质量控制模式是指审计质量控制的基本构思和基本框架。它决定着审计质量系统的运行轨迹和状态，决定着审计质量控制的方式、手段和方法，关系着审计质量控制各要素的合理分布和工作方式。因此，审计质量控制的基本模式设计，是审计质量控制研究的中心环节，是实现审计质量最优控制的基础和前提。我国审计质量控制模式的设计应遵循以下七项基本原则。

### 1. 现实性原则

所谓现实性原则，是指所设计的控制模式必须与我国审计体制所赖以存在的社会现实相符。既符合我国社会主义经济发展的要求，又符合审计质量控制的要求。

### 2. 稳定性原则

稳定性原则指审计质量控制模式的设计，在较长时间内应具有一定的相对稳定性。只有这样，才能在人的思想中形成稳定的质量控制观念，才能使人们对于审计质量的控制有一个明确的思路，才能把一切关于审计质量的问题，置于既定的质量控制模式中进行分析、研究和处理。

### 3. 灵敏性原则

灵敏性原则指所要设计的质量控制模式应具备灵敏的控制嗅觉和反应，能够及时地发现和捕捉审计质量信息，并对所获得的信息迅速地进行处理，及时地采取相应措施控制审计质量系统运行过程中的偏差行为。

### 4. 效率性原则

效率性原则指所设计的质量控制模式除必须具有一定的强度外，还必须具有一定的弹性，给审计质量的控制留有一定的空间，使每个控制方位上的工作人员在高度责任感的驱使下，能够充分发挥其积极性和创造性，从而推动整个审计质量控制系统高效的运转。

### 5. 有机整合原则

有机整合原则指在所设计的审计质量控制模式中，审计质量控制系统的各子系统、各部分之间必须具有有机的联系，能够有机地整合为一体，发挥审计质量控制的整体效能。

### 6. 最大能控性原则

所谓最大能控性原则，是指所设计的控制模式能够使被控系统运行过程中可能出现的各种不良状态得到最大限度的控制。它包含两层意思：①在所设计的控制模式中，被控系统是可控的，也就是说具有能控性；②在所设计的控制模式中，被控系统能够得到最大限度的控制。因为，在实际工作中期望所设计的控制模式能够使被控系统运行过程中所有可能出现的各种不良状态完全得到控制是不现实的，而使之得到最大限度的控制则是我们进行该项控制模式设计所追求的目标。这主要是由被控系统的复杂性和审计质量控制诸要素本身所具备的条件所决定。

### 7. 最优控制原则

所谓最优控制原则，是指所设计的控制模式，在给定的约束条件下，能够使被控系统呈现最优的状态。即通过控制，能够使被控系统的性能指标实现最佳值。它通常是通过控制结果与控制目标的符合程度来测定的。

## （二）我国审计质量控制模式的基本结构

根据我国社会主义审计体制和质量控制模式的设计原则，我国审计质量控制模式的

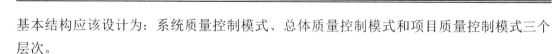

基本结构应该设计为：系统质量控制模式、总体质量控制模式和项目质量控制模式三个层次。

其中，系统质量控制模式属于宏观审计质量控制范畴，它主要是从审计系统的角度研究审计工作的质量控制问题，其中心议题是如何在全国范围内加强审计质量的管理和控制，从而保证全国的审计工作质量能够符合审计质量标准要求；总体质量控制模式是指某一审计机关从总体的角度对其审计质量所进行的全面质量控制。它属于中观审计质量控制范畴，主要是从某一审计机关的角度研究审计质量的控制问题，其中心议题是如何加强并搞好该审计机关内部审计质量的管理和控制，从而保证其全部审计工作质量能够符合既定的审计标准要求；项目质量控制则属于微观审计质量控制范畴，它主要是从项目作业的角度研究审计质量的控制问题，其中心议题是如何加强对审计各业务环节、各部位的质量控制，从而保证审计项目的作业质量符合审计质量标准要求。

系统质量控制模式、总体质量控制模式和项目质量控制模式三者之间是既各自独立又相互依存的关系。说其各自独立，是指三者各自自成体系，各有着自己的层次结构、运动形式和工作特点；说其相互依存，是指系统质量控制是后两项控制的前提条件，它为后两项控制创造和提供控制环境，制定和下达控制的方针、政策、法规、制度、准则和各项标准性文件，从某种程度上说，它包容了后两项控制，但又不能取代后两项控制。总体质量控制是系统质量控制的基础，同时又是项目质量控制的前提和保证，没有总体质量控制，要搞好项目质量控制是不可能的。而项目质量控制是前两项控制的基础，如果没有项目质量控制，那么，前两项控制便会成为空中楼阁，失去了其存在的基础。因此加强审计的项目质量控制又是研究审计质量控制的重点内容。

### （三）系统质量控制模式

不同环境下的审计质量控制模式是不相同的。我国审计质量控制的模式设计，应从我国的基本国情出发，充分考虑我国审计体制所赖以存在的社会环境、法律环境和我国审计体制本身的法律地位及领导体制。

根据《中华人民共和国宪法》第九十一条规定："国务院设立审计机关，对国务院各部门和地方各级政府的财政收支，对国家的财政金融机构和企业事业组织的财务收支，进行审计监督。"

"审计机关在国务院总理领导下，依照法律规定独立行使审计监督权，不受其他行政机关、社会团体和个人的干涉。"

根据《中华人民共和国审计法》第七条、第八条、第九条规定："国务院设立审计署，在国务院总理的领导下，主管全国的审计工作。审计长是审计署的行政首长。""省、自治区、直辖市、设区的市、自治州、县、自治县、不设区的市、市辖区的人民政府的审计机关，分别在省长、自治区主席、市长、州长、县长、区长和上一级审计机关的领导下，负责本行政区域内的审计工作。""地方各级审计机关对本级人民政府和上一级审计机关负责并报告工作，审计业务以上级审计机关领导为主。"

根据《行政复议条例》第十一条规定："对县级以上的地方各级人民政府部门的具体行政行为不服申请的复议，由上一级主管部门管辖。"根据这一精神，一般情况下，被审计单位对审计机关下达的审计意见和决定不服的，可以在收到审计意见和决定之日起15日内，向上一级审计机关申请复议。上一级审计机关应当在收到复议申请之日起30日内，作出复议结论和决定，上一级审计机关的复议结论和决定或者审计署的审计结论和决定，为终审结论和决定。被审计单位对终审结论和决定不服的，可以向终审机关或其上级审计机关提出申诉。

上述规定，分别说明：

其一，我国审计机关的设置，是以宪法为依据的，它代表国家意志行使审计权力，并且审计工作的开展具有强制性、独立性和权威性特点。

其二，审计机关实行双重领导体制，业务以上级审计机关领导为主。由此也可以说明，审计业务的管理具有较强的系统性和层次性特点。

其三，上级审计机关对其下级审计机关的业务工作有布置、检查、考核、评价和行政复议的权利，并且有义务、有责任对其下级审计机关的工作质量进行管理和控制。

从上述有关规定和分析来看，审计署是全国范围内审计工作质量的管理和控制中心。它一方面制定关于审计工作质量方面的法规、标准和制度，要求各级审计机关严格按其有关规定和标准开展审计工作，执行审计作业，保证审计质量，另一方面要尽快地加强审计工作的制度化、法治化和规范化管理，并按照有关规定，对我国各级审计机关的审计工作质量情况定期和不定期地逐级进行检查和考核，加强审计工作的管理和控制。只有这样才能真正使审计的较高层次监督作用得以全面发挥。

基于我国社会主义审计体制的特点，要对其审计质量实施有效控制，根据控制论的系统控制原理，应采取分级控制的原则，将系统质量控制设计为多层递阶控制模式。

### （四）总体质量控制模式

总体质量控制，是指各级审计机关为了保证其业务范围内的总体工作质量而采取的一系列措施和办法。这里所说的总体，是就系统质量控制模式中每一控制层级上的每一控制单元而言，亦即指各级审计机关自身而言，总体质量则是指各级审计机关自身业务的总体质量。

澳大利亚审计署认为："作为一个专业的审计组织，它有义务保证所进行的审计工作的质量在计划、现场工作、审计结果评价和审计报告，以及包括在必要时提出建议等方面，都应具备很高的标准。"

它说明每一审计机关都必须首先保证其自身的工作质量符合既定的审计质量标准要求，指出了各级审计机关在加强总体质量控制方面的重要意义。

就我国现行的审计体制来看，毫无疑问，总体质量控制作为一种普遍的控制模式，它贯穿于系统质量控制模式的始终，即自审计署而下，每一控制层级上的每一控制单元都必须承担对于其自身业务的总体质量控制任务，有权利有责任搞好其自身的质量控制，当然审计署也不例外。

根据现行审计体制下各级审计机关的审计工作特点，其总体质量控制宜设计为分层反馈控制模式。

与系统质量控制模式相比，分层反馈总体质量控制具有以下特点：

（1）分层反馈控制模式由反馈控制和前馈控制耦合而成，就控制的整体来看，它是一个反馈控制，就控制的过程来看，它又具有前馈控制的特点。因此，能够将大量的质量偏差行为限制和抑制于其发生和发展的过程之中，减少审计质量偏差对于审计质量输出的影响，增强了审计质量控制的灵敏性。

（2）分层控制特点。由于结构上的层次性，使分层控制成为可能。它能够把各种具体的审计质量问题限制在其所发生和发展的不同层次，便于对其进行定性分析和定量分析，及时地进行有效控制。

（3）行政控制特点。在分层控制模式中，各控制层次之间是自然的行政控制关系。由于行政控制属于直接控制范畴，它具有强制性，所以，在一定程度上增强了审计质量控制的刚性和力度。在关键时刻，其控制主体可以采取行政措施，令其控制客体严格按规定的程序和标准操作，以确保审计质量。

（4）同时，分层控制也包含了集中控制和分散控制。即由本级领导决策层向下实行集中控制，各被控制层横向上则属于分散控制。具体来说，就是各业务处（科）室分别按照接受的集中控制的部分信息，搞好本业务范围内的质量控制。这样，所有的业务处（科）室都可对其业务范围内的工作质量进行有效控制。那么，也就保证了总体质量的控制。

在总体质量控制中，实行分散控制，有着自己的优点：第一，由于每一分散控制主体（各业务主管）所接受的控制信息只是本级领导决策层所发布控制信息的一部分，并且具有较强的专业特点，便于很快地做出控制决策，提高控制效果；第二，由于分散控制，横向上没有业务联系，没有直接互控关系。所以，一旦某一分散控制出现故障，其他分散控制可继续正常运转，不受影响。一定程度上能够保持总体质量控制的稳定性和可靠性。

### （五）项目质量控制模式

审计项目质量是审计质量内容构成的最基本单元，它有着自己的构成形式和运动形式，具有独立性、过程性、因果性和整体性特点。因此，项目质量控制是审计质量控制的中心环节，也是审计质量控制的基础控制。大量的和主要的审计质量控制内容，都存在于项目质量控制之中，从这种意义上，我们可以说搞好项目质量控制是搞好整个审计质量控制的关键。

根据审计项目质量的内容和特点，要对其实行有效控制，可以把它的控制模式设计为跟踪反馈控制模式。

跟踪反馈项目质量控制模式的特点：

（1）过程控制特点。项目质量控制跟踪项目运行的全过程，它以审计的工作程序为控制程序，能够及时地发现审计工作中出现的各种偏差行为，并且在一定程度上可以预测质量偏差行为的发生和发展，能够积极地采取控制措施，将一部分可能出现的质量问题制于未萌。

（2）多元控制特点。即在项目质量控制模式中，其控制的主体具有多元化特点，也就是说，在项目的运行过程中，各个阶段有各个阶段的控制主体，各控制主体各在其职责范围内实行控制。

（3）责任控制特点。实行项目质量控制能够使项目运行的各个过程、各个环节、各个方面全部笼罩在所能够控制的区域之内，能够将可能发生的各种质量偏差行为限制在其发生的区间和部位，以明确其质量责任，从而及时地加强责任控制。

（4）实行项目质量控制，相对划小了质量控制的范围，能够把审计的总体责任进行项目分解，相对增强了审计质量的单位控制强度。

（5）实行项目质量控制，各项目负责人一般对所负责项目的业务相当熟悉，比较了解该项目业务上的难点和薄弱环节，有利于在项目的运行过程中进行个别控制和重点控制。

## 二、大数据环境下审计质量控制的常用方法策略

### （一）计划管理控制法

计划管理控制法，是指通过加强审计工作的计划管理，以达到审计质量控制目的的方法。其主要内容是：审计署根据全年的工作重点和要求，负责编制全国的审计工作计划，安排全国统一开展的行业审计、专项资金审计和对中央单位的审计计划；地方各级审计机关根据上级审计机关精神和本级人民政府的审计要求负责编制本地区和本级机关的审计工作计划。

审计工作计划的内容主要包括两个方面：一是审计工作的指导思想、方针、重点，审计项目，审计调查项目，实现计划任务的主要措施等。二是审计工作指标，包括全国审计项目和审计单位数，自定项目和审计单位数，调查审计和审计调查单位数。

审计工作实行计划管理是我国社会主义审计的特点，它不仅是各级审计机关组织领导审计工作的基本方法，同时也是各级审计机关组织和加强审计质量控制的基本方法。通过对各级审计机关审计工作计划执行情况进行检查，可以分析和考察其工作进度情况、工作规模情况及审计工作的总体质量情况，从而督促各级审计机关提高审计工作效率，保证审计工作质量。

### （二）目标管理控制法

目标管理控制法是指通过加强审计工作的目标管理以保证审计工作质量的方法。其主要内容是各级审计机关根据本地区以及其自身的工作特点和审计技术装备情况，分别制定与其工作情况相适应的审计质量目标，并定期和不定期地对各项审计质量目标的执

行情况进行检查、考核和鉴定，并根据所制定的奖惩原则，分别给予奖惩。随着我国审计工作制度化、法治化、规范化的逐步完善，也可在全国范围内制定统一的审计质量目标，实行全国性的审计质量目标管理。

审计质量目标一般应该包括：

（1）审计单位覆盖率：指在必审单位和应审单位之间确定的合理比例。如根据工作情况，确定某审计机关行政事业单位覆盖率为95%。

（2）资金审计覆盖率：指在必审资金总额和应审资金总额之间确定的合理比例。如根据某审计机关的审计力量和企业审计的需要，确定企业审计的资金审计覆盖率为85%。

（3）计划项目完成率：指对所下达的计划审计项目执行情况所提出的要求。除特殊原因或计划有变动外，计划项目完成率一般为100%。

（4）违纪金额处理率：指对审计查出的违纪金额必须处理的比例。一般来说，应处理的违纪金额应全部处理。但是由于目前各项法规制度尚不配套和健全，根据有关审计规定对于个别违纪现象可以根据被审单位的具体情况灵活掌握。如某审计机关规定应处理违纪金额处理率为98%。

（5）上缴财政金额入库率：指对审计已经作出处理的应上缴财政金额数与已上缴入库的比例。如规定应上缴财政金额入库率为80%。

（6）审计决定落实率：指对审计决定落实情况的要求，一般来说，审计决定落实率应为100%。

（7）审计责任保证程度：审计责任保证程度，是审计质量的关键指标和决定性指标。如规定的审计责任保证程度为98%，如果没有达到要求，应及时查明原因，追究有关责任人员的审计责任。

（8）审计资源利用率：它反映审计工作的综合管理水平，是评价审计工作效果和效率的主要指标。如规定审计资源利用率为95%。

（9）违纪金额检出率：它是审计作业质量的关键指标，反映审计人员的作业态度和技术水准。如规定违纪金额检出率为95%。

（10）审计取证有效率和审计定性准确率：它也是审计质量的关键指标，与审计责任保证程度有着直接的关系。一般来说，两项指标均应为100%，如果没有达到要求，则应及时查明原因并追究责任。

### （三）统计表法

统计表法，是指利用统计表格对审计质量进行控制的方法。它既是审计质量控制的方法，也是审计质量信息反馈的主要形式。统计表格能够及时、全面地反映审计的总体质量状况，了解和掌握审计工作的进度情况、审计工作的规模，并通过报表所反映的审计情况了解被审对象的有关情况，检查本期审计工作中有无重大失误和反常现象，并能根据报表数字科学地预测审计工作的发展趋势，及时地予以调整和控制，以保证审计工作质量。

我国现行的统计报表主要有：

（1）审计情况报表；

（2）财政审计情况报表；

（3）金融审计情况报表；

（4）国家建设项目审计情况报表；

（5）企业审计情况报表；

（6）行政事业审计情况报表；

（7）国外贷款援款项目审计情况报表；

（8）农业资金审计情况报表；

（9）其他审计情况报表。

### （四）对比法

对比法，是指将已完成的审计工作或正在进行的审计工作与既定的审计标准相比较，借以检查其质量情况并加以控制的方法。

对比法是审计质量控制的基本方法，其内容主要包括：

（1）与法规制度相比较，以检查其合法性和合规性；

（2）与各种技术性规范相比较，以检查其合理性和有效性；

（3）与各种效益性原则相比较，以检查其效益性；

（4）与既定的审计准则相比较，以检查其作业的规范化程度；

（5）与既定的审计质量标准或目标相比较，以检查其作业质量的达标程度；

（6）与该审计项目的目的要求相比较，以检查其审计任务的完成程度。

### （五）核实法

核实法，是指用于检查已完成的审计作业质量所适用的审查技巧是否合理和正确的方法。如主审人员对于一般审计人员所检出的重大违纪问题，认为其对于审计结论的影响较大，有必要对其作业程度和采取的程序或方法进行核实。

### （六）推理法

推理法，是指在审计质量控制过程中，根据已掌握的事实和线索，运用逻辑推理的方法，推断审计质量状况，确定合理的审计假设，并进一步进行验证，从而实现审计质量控制的方法。推理法的实质是一种逻辑判断，由已知事实，推断未知的结果。例如，在审计质量控制过程中，发现审计结论不合乎逻辑常态，有关人员就可以根据已掌握的情况，推断可能是审计取证有偏差，或者是审计推理不充分，从而进一步追查原因，找出审计质量问题的症结所在。

运用推理法进行审计质量推断必须具备两个条件：

（1）推理的前提必须真实，对已经掌握的事实和数据，要进行核实；

（2）推理必须有逻辑性，不能自相矛盾，推理的形式要正确。

### （七）质控点控制法

质控点控制法，是指根据审计项目的目的与要求以及被控对象的内容和特点，合理确定质控点，并对所确定的质控点进行重点控制的方法。

根据审计质量形成的一般规律，在审计过程中一般应抓住以下质控点进行控制：

（1）对于审计检查的控制；

（2）对于审计定性的控制；

（3）对于审计取证的控制；

（4）对于审计处理的控制；

（5）对于审计评价的控制；

（6）对于审计决定落实的控制；

（7）对于审计建议落实的控制。

### （八）可疑点控制法

可疑点控制法，是指通过对审计工作质量情况的检查和测试发现可疑点，然后对发现的可疑点进行控制的方法。

确定可疑点，一般应注意以下几个方面：

（1）审计决定与审计报告不一致；

（2）审计报告与取证材料不一致；

（3）审计报告与工作底稿不一致；

（4）审计工作底稿与审计工作记录不一致；

（5）审计决定中各条款有相互排斥或相互矛盾的地方；

（6）审计意见模糊不清、不准确，易滋误解；

（7）审计建议空洞，或所提建议平淡、无可取之处；

（8）审计处理中所援引的法规不具体或不正确；

（9）所处理的审计事项证据不确凿或证据不充分，缺乏必需的证明力；

（10）应处理的违纪问题未做处理，或对于应处理的违纪问题处理过轻或过重；

（11）其他可疑的地方。

### （九）重点控制法

重点控制法，是指通过分析和研究，掌握审计质量控制的重点予以控制的方法。在审计质量控制过程中，由于审计质量控制的时间和力量不可能平均分配，因此，要注意发现和把握审计质量中的重点问题进行控制，从而保证审计工作质量不至于出现较大的偏差行为，达到审计质量控制的目的。

在审计质量控制过程中，应把握的重点问题一般有以下几个方面：

（1）应审范围内的大型企业或重点单位；

（2）重点违纪单位；

（3）审计查出的大案、要案；

（4）违纪情况变化较大的单位；

（5）没有任何违纪问题的单位；

（6）内控基础薄弱、财务管理混乱的单位；

（7）违纪性质严重，触犯法纪移交司法部门处理的案件；

（8）审计复议项目或审计诉讼项目。

### （十）考评法

考评法，是指通过业务考评，促进提高审计质量的方法。考评法主要有内部考评、系统考评和交叉考评三种：

（1）内部考评。指各审计机关内部组织的各业务单位之间的考评，如统计考评、档案评比、案例评比等就属于这一类型。

（2）系统考评。指按照系统的形式组织的各种业务考评，它一般是以行业为特征的。如全省系统的统计评比、档案评比、某专项审计的行业考评，某行业审计的质量评比等。

（3）交叉考评。指各地区审计机关之间自行组织的互相考评等。它的作用是能够解决各地区审计机关在审计质量控制中所遇到的疑难问题，在考评工作中互找差距，共同分析和研究，以提高审计工作质量。

# 第三节　大数据环境下的审计质量控制体系

随着我国信息化社会发展速度的不断加快，信息化已经成为行业发展的必然趋势。审计工作也因为信息化的发展而受到了巨大的冲击，但同时也为审计工作的发展带来了全新的机遇，审计质量不得不在信息化层面上重新审视，加强审计信息化建设已经成为审计工作者的共识，也是实现传统审计向现代审计过渡的关键。大数据环境下，审计风险不同于传统审计，大多是因为电子数据的虚拟性和传播性而引起的。为适应时代的发展，提升审计效率，制约审计风险，控制审计质量，加快建设信息化条件下的审计质量控制体系是必经之路。

## 一、大数据环境下审计质量控制的"挑战"与"机遇"

### （一）对审计质量控制的影响

审计质量是审计工作的重要评价，也是审计工作的生命线，其广泛地受审计工作各方面的影响，在信息化大背景下，审计工作的各方面都发生了很大的变化，给审计质量控制带来了挑战。第一，审计对象发生了明显的变化。大数据环境下，计算机网络技术的高度发展使审计环境发生了翻天覆地的变化，很多单位的管理都实现了网络化和自动化，包括会计核算与财务管理工作。以电商的兴起为代表，新时代下许多经济活动都通过网络而实现了无纸化贸易。这使得审计工作所面临的审计对象更加复杂。第二，审计线索出现了明显的变化。在传统的审计工作中，审计所需的线索以纸质凭证为根本，并进行保存，审计线索较为清晰。但在新时代下，这些被电子票据所替代，审计人员无法通过翻阅纸质材料对审计线索进行跟踪，取而代之的电子审计线索很难寻找和跟踪，给审计工作取证增加了难度。第三，审计方式正在发生变化。伴随着计算机技术的高速大范围普及，相应的审计材料有很大一部分被电子化信息所替代，而传统的审计方式根本无法适应现有的监督机制，也无法满足提升审计效率和审计质量的要求。审计方式从人工审计到计算机技术辅助审计的转变给审计工作带来了巨大的挑战。第四，大数据环境下的审计风险发生了明显的变化。传统以人工为主导的审计模式下，审计风险的范围较窄，主要为检查风险和重大错报风险。大数据环境下，审计的效率虽然大幅地提升了，但是计算机网络技术的使用也使审计数据暴露在全新的风险中，计算机系统、网络的稳定性与安全性都成为影响审计风险的重要内容，数据采集与信息系统风险尤为突出，无形中给审计质量埋下了隐患。第五，审计人员素质要求也发生了明显的变化。传统模式下的审计人员是以审计知识和素质为基本要求的。然而，在信息化的大背景下，审计工作必须通过计算机的相关系统进行展开，审计模式的转变也自然而然地附加到审计人员身上。新时代的审计人员不仅需要具备专业的审计知识，更需要较高的计算机操作水平才能满足当下审计工作的需求。目前，这样的复合型人才整体上处于缺失的状态，年龄大、有经验的审计人员接受能力差，计算机水平低，而年轻、能熟练地操作计算机的审计人员又缺乏经验，这样的窘境，给审计工作造成了一定的影响。

### （二）对审计质量控制的意义

信息化的发展对审计而言是一把双刃剑，一方面给审计质量控制带来了严峻的挑战，另一方面也推动了审计质量控制的变革与发展，具有重要的现实意义。首先，信息化推动了审计环境的改变。信息化条件下的审计与传统的以人工为主导的审计模式在环境上有很大的不同，它是基于信息化技术与系统的，在很大程度上提升了审计效率和审计的便利性。以会计核算和财务管理为例，计算机网络技术的发展使得许多经济活动不再依赖于纸张、票据，在节约资源的基础上，也使审计工作的实际工作内容以处理电子化信息为主，操作更加便利。在信息化的环境下，通过健全相应的管理制度，能有效地节约审计工作的成本，缩短审计支出，扩大了审计的深度与广度，促进审计工作焕发出新的活力。其次，信息技术的进步方便了对各个环节的审计质量控制，相关的审计系统和审计软件的出现也在很大程度上提升了审计质量与管理水平。在面对大数据环境下审计工作的各种问题时，信息技术本身则给出了相应的解决方法。传统审计信息电子化的趋势，可以使用各种软件和信息化系统在审计工作的各个环节设立节点，对审计质量进行严格把关，这样的举措会使审计质量监督贯穿到审计工作的全过程之中，对审计质量的控制大有裨益。最后，以计算机技术为代表的信息技术，能够使被审计单位及时地发现自身在管理过程中的漏洞，以便做出相应的应对策略。

## 二、大数据环境下对审计质量控制体系构建的意见与建议

大数据时代，审计质量控制面对着诸多的机遇与挑战，我国的审计质量控制总体上

呈现出许多问题，这些问题错综复杂，为解决好这些问题，更好地促进我国审计行业的发展，全面构建审计质量控制体系势在必行。构建全面的审计质量控制体系应从以下几个方面着手。

### （一）转变审计思路，将审计质量控制引入到考评机制中

大数据环境下的审计模式的转变并不是简单的计算机网络技术的应用，审计方法与审计技术的升级并不代表审计观念和审计思路的转变。从某些方面讲，思路和观念不能随技术转变，那么技术也难以有用武之地。审计观念的转变首先要提升对审计信息化必要性与重要性的认识，审计技术的使用需要一个较长时间的适应过程，不要将信息化等同于计算机，需要将信息技术融入具体的审计工作中。另外，审计质量控制应被逐步地融入考评当中，作为一种信息化审计的激励与监督机制，完善审计项目的评审办法，并以此激励审计人员对新模式的接受程度，适当地引入一定的奖励，鼓励审计人员参与专业知识培训和技术培训。

### （二）完善审计流程和标准

大数据环境下的审计工作仍然需要遵从相应的审计准则和标准，审计工作的开展需要依据审计流程，必须符合内部控制的相应要求，那么审计流程和审计标准的规范化就显得十分重要。通过严格规范审计流程，能够减少审计人员在审计过程中的随意性，而审计标准的完善能够使审计工作有更加科学、更加准确的参考。具体而言，首先，应对被审计单位的信息数据和系统进行相应的了解与评估，在部门设置、经济性质、财政信息等内容之外，还应当对被审计单位的信息管理系统、数据形式和运作形式等方面作全面的了解，并依据所获得的信息确定审计思路和审计重点。其次，还需对数据的采集、验证、整理、复核等审计作业流程进行规范，规范审计工作中的审计行为。最后，还需要对审计档案进行规范管理，将审计档案资料由纸质材料转化为电子档案，建立审计项目的档案库，将审计档案质量控制纳入审计质量控制的全过程当中。

### （三）加强审计复核工作，为审计质量控制把关

大数据环境下，审计工作的工作量仍十分繁重，因为疏忽而产生的审计失误十分常见，这时候审计复核就显得十分重要，信息化条件下的审计复核将是审计质量控制的重要一环。一方面，要加强对关口的前置把关，对数据的采集、处理过程进行复核，确保审计数据的可靠性，并在每一个步骤设置专门的负责人。另一方面，也需要加强关口的后置复核。在审计报告审理之前，需要对电子化的审计内容进行专门的复查，检查被审计单位 OA 自动化办公系统对接的具体情况。

### （四）加强对人才的引进和培养

人才是支撑某一行业进步的关键，同样地，高质量的审计人才队伍将为信息化审计提供强有力的支持，复合型审计人才的引进将是重中之重。首先，应加强对审计人才队伍的组织和领导，将质量第一的观念深刻在审计人员心中，单位可自上而下地研究制定

审计质量控制的目标、原则和方针，并依此确定审计人才的培养计划，以便能够确保审计项目质量控制目标的实现。其次，应加强审计机关之间的交流，通过网络信息技术搭建平台，提供信息交流和共享的渠道，取长补短，推广适应信息化条件的审计方法和审计经验。最后，还需要加强对审计人才的培养和引进。在复合型审计人才相对短缺的情况下，重视审计人才的培养和补给是必不可少的，一方面，需要加强对审计专业化人才的培养，使他们兼具审计知识和计算机素养，使审计人才能够源源不断地产生，能够适应信息化审计的要求。另一方面，由于技术在发展，审计工作的要求也在与时俱进，二者都处于一个动态的变化当中，审计人员素质也应当适应时代需求做出相应的改变。现阶段的审计人才，需要不断地用新知识充实自己，用新要求审视自己，参加相应的培训，做到与时俱进，使自己时刻处于行业前端，引领审计走向新高度。

### （五）树立全员全过程审计质量控制的理念

审计质量管理是全面质量控制的核心和落脚点，是审计部门为保证每个审计项目按照国家法律法规及各项规章制度的要求实施的控制行为。对具体的审计项目而言，它是全过程的质量控制，对于不同项目、不同的审计组、不同的审计人员，它又是一个周而复始、不断循环的作业流程，各个要素在这个循环的流程中，互相作用、相互制约，履行各自的职责，发挥各自的功能。

审计立项阶段。根据"全面审计、突出重点"的原则，在确立审计目标时紧紧围绕战略性目标工作，紧密结合董、监、高关注的热点、难点问题，确立审计实施对象，近远期相结合，实现计划动态管理。

审计准备阶段。准备阶段是整个项目的基础，这一阶段控制的核心就是审计方案的质量控制。一是方案审计目标是否明确、具体；二是审计内容是否全面，重点是否突出；三是审计方法和步骤是否可行、人员分工是否合理；四是时间进度安排是否可行；五是审计廉政纪律、审计质量考核标准是否明确，最大限度地减少审计人员的随意性，降低审计风险。

审计实施阶段。实施过程是整个项目质量保证的核心。此阶段控制核心在于严格执行审计程序，规范业务操作，重点把握好两个方面。一是审计证据。在审计实施中，要有针对性地收集与审计事项相关的、能够证明审计事项的原始资料，并注意证据的客观性、相关性、充分性和合法性；二是审计底稿。编制工作底稿时，应严格遵循工作底稿要求，做到内容完整、记录清晰、定性准确。审计工作底稿要经过严格的三级复核。即主审初审、组长审核、领导审阅，每个环节的人员都要严格履行审计职责。

审计报告与后续审计阶段。审计报告是审计工作的最终成果。重点包括五个方面：一是审计报告要以审计底稿为基础，问题事实要清楚，证据要确凿；二是审计报告要以法规制度为准绳，引用制度条文要有效、准确；三是审计报告要以实事求是、客观公正为原则，问题定性要正确，评价要到位；四是审计报告要以帮、促为出发点，审计建议可行，对被审计单位目前的经营活动具有指导意义；五是审计报告结构要合理，报告的层次要按问题的重要性排列，用词要恰当，慎用华丽辞藻或修饰的语言粉饰审计结果。

　　在后续审计方面重点关注：一是审计发现问题的风险是否得到控制、有没有发生新的风险；二是审计人员对风险程度的判断能力是否可以规避审计风险，保证项目质量。

　　综上所述，审计质量控制是一项持续的系统工程，它需要全体审计人员及时转变观念、拓展视野、更新知识、正视实施中存在的困难，上下通力、内外合作，积极采取有效措施，才能实现审计项目质量的持续提高。

　　总而言之，大数据环境的到来，为计算机审计提供发展机遇的同时，也对传统审计工作带来了审计方式、审计技术等方面的影响。提高审计质量，还需加强信息数据分析平台建设、审计人才培养等措施的落实，提高审计成效的同时，助推审计变革。

　　审计质量是审计工作的核心，全面提高审计质量是更好地发挥审计监督作用、有效控制审计风险、促进审计事业发展的关键所在。审计质量控制是对审计工作各个方面、各个要素和审计工作全过程的控制，既包括每个审计人员，也包括审计过程的每个环节的每项工作，因而审计质量控制具有较强的系统性，必须建立一套系统的、全面的审计质量控制体系。

# 第六章 云计算下的云审计

## 第一节 云审计的概念与框架体系

### 一、云审计的概念

云计算与审计的结合就构成了云审计，对于云审计，很难给它下一个准确的定义，主要因为云计算本身也处于不断丰富之中，这种渐进式的进步可能会使人们对于云审计的理解也不断地深入，甚至可能导致审计技术手段、审计思想的重大变革。那么什么是"云审计"呢？目前还没有一个统一的定论。简单地说，"云审计"其实就是在"云计算"的基础上搭建一个平台，使各种审计资源，包括参与审计的人员、程序和相关的硬件设备，通过云来协同工作，从而为审计人员提供更富有效率、更科学的审计过程，实现各类审计信息的数字化，以促进信息的交流和共享，使审计资源得到充分优化利用。审计人员可以按照自己的时间、方式进行审计，而将云端看不见的烦琐技术全部留给技术后台来解决。对于审计人员而言，其实并不需要知晓后台是如何运作的，关键是前台的使用是否便捷，是不是得心应手。这也是信息时代发展中的一种必然变化，也已经成为新时期下审计的一种需求。

### 二、审计云类别

#### （一）审计私有云

1. 审计私有云的概念

审计私有云是以云的基本架构为基础，以云计算技术为保障，以审计业务需求为核心而构建的审计云平台。基于审计私有云，实现各类审计资源的"云化"，包括各类硬件资源、信息资源、软件资源等。通过审计私有云，审计人员在进行审计业务处理时，只需通过客户端接入审计私有云并提出相应的服务请求，云就会向审计人员提供所需服务，而审计人员不必考虑相应服务所需的数据、软件、硬件等资源的情况。构建审计私有云，建设一个能容纳各类审计所需资料的系统平台，实现资源共享，建立并运用如审计对象模型、审计数据模型、审计分析模型、审计证据模型、审计工作底稿模型、审计报告模型、审计疑点模型等各类审计模型，从而实现审计的自动化和审计管理的智能化，节约审计时间，提高审计效率。

### 2. 审计私有云架构

审计私有云的架构分为软件即服务（SaaS）、平台即服务（PaaS）、基础设施即服务（IaaS）。IaaS层为基础资源层，处于总体架构的最底层，为上层提供基础设施支持，主要包括硬件资源和信息资源两部分。PaaS层处于中间层，为上层应用服务提供运行、维护等软件生命周期管理基础服务，为下层基础资源提供资源的各类管理服务。SaaS层为应用资源层，审计应用包括审计实施服务、审计数据分析服务、审计质量管理服务、审计决策支持服务等，是针对审计业务框架的软件服务集合，提取了各级审计机关应用系统之间的共性服务，构建专用的应用服务，并实现各业务系统之间的协同。

### 3. 审计私有云的业务流程

审计私有云所包含的业务流程可以分为两个方面，分别是审计资源的加载、存储、分析、分发，以及审计业务的请求、应答。从审计业务角度，可以将审计私有云划分为审计存储云和审计分析云。两者均遵循云的基本层次划分，是审计私有云的有机组成部分。审计数据云是审计私有云应用的基础。

审计数据云承载着审计数据的存储与管理和审计系统的配置与管理两个方面的业务功能。

#### （1）审计数据存储与管理

审计业务数据从被审计单位采集后，存储到审计数据云中。通过审计数据云中的数据分析工具，可以将审计业务数据根据时间、地域和行业等维度进行切片分析和整理。形成审计业务数据目录，向审计人员提供审计数据服务。

#### （2）审计系统配置与管理

由云平台管理员预先将相应的审计业务系统进行初始化，并形成基础系统镜像文件和配置文件，并将这些基础系统注册到服务目录，形成系统目录，向审计人员提供审计业务系统服务。

## （二）审计存储云

### 1. 审计信息化建设需要构建审计存储云

随着被审计单位的信息化程度大幅度提升，审计信息基本依托于电子数据，审计技术、审计方法、审计模型体系已由传统模式转变为信息化模式。审计数据量也在以几何级数增长，海量审计数据的规划、采集、存储、积累尤为重要。因此，提出了依托审计云平台来解决审计署、省、市、县的数据存储问题。地市和区县可将各自的审计数据存储或托管到省一级审计云平台里，统一由省一级云平台运营商进行管理和支配，由省级云平台提供集中存储的服务，即基础设施即服务。特派办可将审计数据分类存储在本地和国家审计数据中心。由此构建由国家数据中心、特派办和省级数据分中心组成的审计存储云。审计存储云是单一的基础设施服（IaaS），地市、区县审计机关无须投资或者以低成本的投资获取更多的服务。

#### 2. 审计存储云模式的优势

与传统的审计数据存储模式相比,审计存储云有以下优势:

(1)审计存储云使海量审计数据安全、有效存储成为可能

传统审计数据存储模式下,审计数据往往单机存储。笔记本、数据服务器的性能和容量、数据管理维护人员等均成为制约审计数据规划、存储规模的因素。在审计存储云模式下,审计人员、下级审计机关无须关心数据存储位置、数据量及数据安全,由云端集中人力、物力、财力将审计管理数据、现场审计数据、联网审计数据、AO 和 OA 系统导入的数据、法规政策文件、图片、影像等实时更新并且有机结合起来,建立在一个统一的平台上,通过审计存储云中的数据分析工具,将数据根据时间、地域和行业等多维度进行切片分析、整理。形成审计业务数据目录,向审计人员提供审计数据服务,实现海量审计数据的安全、有效存储和利用。

(2)审计存储云强化了审计数据资源整合与共享的概念

在传统审计数据存储模式下,审计数据存储分散,规模性小,数据规划和数据规模相对滞后,审计数据成孤岛状态,审计数据资源不能共享,降低了审计工作效率,限制了审计方法体系、审计技术的发展。在审计存储云模式下,建立了信息化基础设施服务,审计数据统一存储、管理,审计数据资源可根据需要动态扩展和分配,避免了以往一些单位资源严重不足而一些单位资源大量闲置浪费的问题,实现了审计数据资源的整合与共享,在提高资源利用效率的同时,还节约了建设维护成本。

(3)审计存储云为全国性综合大型审计项目提供数据支持

近年来,审计署安排的全国性综合大型审计项目逐渐增多,地方政府性债务审计、社会保障资金审计等各级审计机关、全体审计人员共同参与的大型综合性审计项目已成为审计工作发展的趋势,全国范围内多行业审计数据需要进行同时采集并进行关联分析,审计存储云为大型综合性项目提供良好的数据基础平台支撑。

### (三)审计分析云

#### 1. 审计分析云的流程

在审计存储云模式下,传统的单机数据分析模式已不能满足审计工作的需要,因此,需要建立审计分析云。审计分析云可向审计业务人员提供基于审计数据中心的分析服务,如全国社会保障资金审计分析服务、常规专业审计项目分析服务、临时性审计分析服务等。构建审计数据分析云,集中分析、分散核查,审计人员无须知道各业务系统如何配置、调用,只要提出请求,审计分析云最终将数据分析模型及结果以服务的形式提供给审计人员。审计分析云业务如下:

(1)审计人员根据实际业务需要,向审计分析云提出审计分析环境申请。

(2)审计分析云通过数据目录和系统目录向审计数据云提出数据申请和系统申请。

(3)审计数据云接收申请后,将数据云中已有的业务数据和基础系统分发到审计

分析云的一体机中。

（4）审计分析一体机形成审计分析环境，并向审计人员提供审计分析功能。

**2. 审计分析云的优势**

（1）集中优势力量开展审计分析，提高审计效率

审计分析云的构建，使组织数据分析优势力量开展集中分析成为可能，一般审计人员只需向审计分析云提出数据分析需求，可采用分析思路提交分析结果应答方式实现审计数据分析，避免同类审计分析重复、孤立进行，实现审计分析资源整合，提高审计工作效率。

（2）审计方法规范化、体系化，审计模块通用化

审计分析云在提供审计数据分析服务的同时，规范并不断完善通用和专用审计方法，使之规范化、体系化；云端建立的审计模块逐渐成熟，功能逐渐完善，并具有一定的行业通用性。对促进审计技术、审计方法的持续发展有着重要作用。

（3）适应大型综合性审计项目的需要

在大型综合性审计项目日渐增多的情况下，审计项目时间紧、任务重、要求高，各级审计机关、各个行业审计之间高度配合。审计分析云能更好地应对海量数据，进行跨行业、跨平台数据分析。

## 三、云审计与传统审计的区别

### （一）应用的环境不同

云审计是针对云计算应用的风险管理而提出的，其面对的软硬件基础设施及系统平台，无论是数量规模，还是架构复杂度，都是安全审计产品的应用环境所不能比拟的。

例如，在一个信息系统中，只要发邮件，用到的设备、系统、应用永远相同，所以，审计功能的算法、模型以及处理流程相对固定不变，安全审计产品运行时只需要改变具体的参数配置。但是，在云计算环境中，连续发两次邮件所用到的基础设施、系统平台以及应用服务可能有非常大的差别。例如，前一封邮件用到了A、B、C三个服务，而后一封用到的却是D、E、F、G四个服务。这就要求，必须改变现有审计产品的功能结构以及算法模型，使云审计平台能够在未知的环境中得出确定并且准确的结论。

### （二）解决的问题不同

云审计致力于解决云计算应用的风险管理问题，包括"云"上业务在效果、效率、保密、完整、可用、可靠以及合规等各种需求的风险；安全审计则仅关注信息安全，对于业务流程的效率高低、业务数据的正确与否等问题并不关心。

### （三）运作模式不同

云审计以服务的形式帮助用户管理云计算应用的风险，用户按照需求选择、使用云审计服务，并根据服务的类型和用量付费；安全审计表现为独立的产品或者产品的部分功能，用户需要为整个产品付费，并且与安全审计功能的实际使用情况无关。

### （四）技术架构差异显著

安全审计产品运行在单一的服务器设备和操作系统之上，并且面向唯一的用户执行固定的功能；云审计由大量的、版本型号不同的基础设施支撑运行，面向多个不同的用户提供服务，并且为每个用户提供的服务内容都不完全相同。此外，考虑到不同用户的需求差异，云审计必须能够正确建立审计记录信息与属主之间的关联关系，以保证将风险信息报告给正确的用户。

## 四、云审计的优势

### （一）大大提高审计工作底稿质量的可比性

在云审计过程中，数据和程序都存储在一个数据平台中，审计程序的设计、维护和升级不再由审计署委托某一机构承担，而是完全交由专业的云软件开发商来进行，从而大大提高了审计软件的兼容性。同时，审计机关、委托事务所只是作为一个用户来使用软件，因此不同级别的审计机关、委托事务所可以无视基础设施的投入，获得同样先进、一致的审计软件操控体验，使工作底稿质量得到大幅度提高。更进一步的是，基于同一审计软件进行的审计过程的可比性也将大大提高，为作为行业主管部门的审计机关验证审计过程、检查审计底稿提供了强有力的技术支持。

### （二）客观性大大提高

客观性除了项目人员的专业判断以及与被审计单位是否保持独立有关外，还同审计程序的选用有关。由于基于云计算模式开发出来的审计软件，要比各级别独立开发的审计软件考虑更多的因素、功能更加全面，从而保证了审计业务的客观性，避免了审计人员为了适应审计软件而对审计业务修改造成不良影响。

### （三）可比性大大提高

每个地方审计局只是作为一个用户来使用，因此，当众多的审计机关可以同时获得先进的审计软件操控体验，我们的审计效率、质量也能得到大幅度提高；更进一步的是，基于同一审计软件进行的审计过程的可比性也将大大提高。

### （四）节约时间，简捷便利

在目前传统的审计过程中，审计人员将大量的时间花费在审查被审计单位的会计资料，即审计证据的收集上而忽略了发现问题和分析问题，而在"云审计"环境下，承接审计业务后，被审计单位将数据传输到"云"上而审计人员则基于"云"强大的计算和汇总能力，根据不同的审计目的有针对性地快速筛选出相关的信息，可以节省出大量的时间用于发现和分析被审计单位所存在的问题，从而提高了审计效率，保证了审计效果，提高审计质量。

### （五）实现审计资料充分共享

审计人员收集的各项资料，采集、生成的各种数据，不再是分块存储在每一个审计人员手中，而是分类存储在同一个资源平台上；审计人员通过审计平台，可以随时查阅审计组收集到的各项数据和资料，及时分享审计信息，避免重复劳动，提高审计效率。

### （六）实现审计信息实时交流

审计人员能够及时了解审计任务进展情况，并根据实际情况进行审计重点和人员调整；及时了解管理者的工作思路和要求，并将任务执行过程中遇到的问题及时向管理者反馈；及时了解相互的工作情况，既能方便地实现线索、方法的共享，也能有效防止重复劳动。

### （七）实现全过程的质量控制

通过"云审计"，管理者能及时、完整地了解每个审计人员的工作，有的放矢地进行指挥，并实时监督每个人的工作情况；审计人员之间也能相互了解工作情况，互相监督，确保审计质量的提高。

随着"云"计算技术的成熟，"云"的相关业务快速普及，审计也将由"无纸"阶段向"无 IT 基础设施"的更高阶段迈进。"云审计"无疑也是这个进程中极具普及价值的远程协作解决方案。

## 五、云审计框架体系

审计是一个严格的系统过程，为了使各种审计资源（人、信息、硬件及程序等）都能通过云计算来协同运作，我们在构造云审计之前，首先应有一个行业性的准则和技术规范来明确云审计的相关规则，如云过程、数据安全准则、风险控制与云责任。就目前社会经济环境下，云审计的基本框架与传统审计一样，也包括制定云审计目标、建设云审计平台；制定云审计的相关准则和技术标准；确定风险领域、制订审计计划、设计审计程序、执行审计计划以及出具审计结果和管理建议，此外还包括定义具体的云过程，定义具体的与云过程对应的云责任、云安全等。

### （一）云审计的目标

一是认真落实审计署下达的审计信息化建设任务。以审计署信息化建设规划为指引，积极推广运用金审工程成果，认真贯彻落实审计署各项信息化建设任务，全面提升审计能力，实现审计方式转变，积极适应云计算技术环境下的审计工作要求。信息化基础设施建设将逐步达到可提供 50TB 级以上的存储和相应的处理能力；进一步加大审计管理系统（OA）和现场审计实施系统（AO）应用力度，实现审计管理全过程和质量控制全流程的数字化。

二是以提高审计效能为重点，加强审计信息资源的利用。消除内部"数据孤岛"，保障移动办公条件下的信息安全；实现跨部门、跨行业、跨地区的审计数据关联分析、预警分析和预测分析，进一步增强在云计算环境下查错纠弊、揭示犯罪的能力，为提高审计能力提供更为强大的信息技术手段。

三是依托金审工程成果，以推广运用为重点，积极探索云计算平台下的协同审计模式。

四是积极开展信息系统审计，不断探索创新信息系统审计方法。结合审计项目，探索开展信息系统审计，关注被审计单位信息系统安全性、系统功能有效性、系统建设经济性等，关注信息系统缺陷导致的信息系统安全及经济安全风险等。探索研究电子政务等方面的审计监督，及时发现和反映相关问题及隐患，促进电子政务建设顺利推进。

五是以优化审计队伍，提高审计人员素质和审计能力为目的，大力开展培训。培养计算机审计人才，为优化审计队伍提供卓越的信息技术人才。培养一批掌握信息技术技能的管理型、专家型、复合型、技术保障型人才，以适应信息技术环境下审计工作的需要。

六是紧密结合实际工作，研究探索云计算环境下审计面临的新问题，提高审计理论水平。加强信息化审计理论研究，结合审计实践需要，总结经验，反映提炼审计成果，探索研究云计算环境下审计工作开展面临的新问题和解决方法。

### （二）云审计平台

现阶段，我国审计信息化水平不高的一个重要原因就是数据没有标准化。在云审计模式下，通过互联网实现第三方云平台与被审计单位数据进行高速无障碍互通的基本前提就是两者要有统一的数据标准。

数据和信息是审计的生命，而云审计战胜传统审计方式获取事务所青睐的重要武器就是低廉的成本和更高的时效性。如果数据没有标准化，企业的数据信息进入到云端时就需要对其进行转换，这就会导致高昂的转换成本，这样云审计也就丧失了其低成本的优势。在云审计模式下，审计人员不是传统意义上单一的进驻到被审计单位直接审计，而是隶属于不同事务所、分布在不同地域的多名审计人员随时随地进行审计，这就需要审计人员和云审计平台之间可以进行数据的实时共享与传输。如果没有统一的数据标准，云审计的时效性也毫无意义。

物联网在云审计中的应用，又赋予审计标准化新的内涵。所有的审计都必须对相关项目的存在性、真实性、完整性、估价和披露进行认定。在云审计模式下，可以对所有事物形态的资产和票据贴上电子标签，通过物联网、利用传感技术进行访问和追踪，对其进行实时检验和数据的上传。这就需要云审计平台和物联网之间具有标准兼容性，能够解决审计专用传感设备的互联访问问题。

### （三）云审计准则

一是统一云计算下审计工作的管理体制。中国注册会计师经过多年的发展，从总体上看，在审计理念和实践方面都有了长足的进步，但由于注册会计师在其发展过程中，因资格取得方式、参加后续教育、审计实践的多少以及部分注册会计师的观念仍受计划经济模式的影响，使注册会计师水平参差不齐。而审计署作为国家直属机关，是国务院的组成部分，在国务院总理的领导下，主管全国的审计工作。在政策、资金、人员上都显示了明显的优势。因此建议考虑由审计署来根据国情制定一系列云审计准则，并在具体执行云审计工作中不断完善准则。

二是制定云计算下审计人员的技能准则。这里包括云审计人员应有的资格和能力、技能以及他们的后续教育等，均可以在该准则中明确。一个胜任的云计算审计人员不仅要具备传统的审计技能，还要具备丰富的计算机软硬件知识，更要能制定相应的审计程序，运用计算机和云计算技术进行审计。对于云审计人员的后续教育问题，可以通过以下途径加以解决：加大培训力度，将普及性培训与专业应用培训和专家培训相结合。可以在注册会计师考试中增加相关云计算知识和技能的测试，将信息技术应用水平作为评价注册会计师执业能力之一。可以考虑在高校的审计专业中开设有关云审计的课程或另开云审计专业，直接培养信息系统审计相关人才。

三是应包含云审计的技术标准。如就软件层次，建议在准则中明确以下内容：①云审计平台处理中要留下审计底稿的轨迹。由于审计人员在操作中希望计算机产生的结果与他们手工编制的底稿相差不大，能与手工审计底稿共存，这样便于审计人员分析。同时也便于审计内部复核和外部检查人员的认可。②云审计操作模式要摒弃传统的各审计机关孤立的"一对一"现场审计模式，采用不受时间、空间限制的各审计机关统一协调的协同审计模式，以提高审计效能。③软件要具有兼容性，虽然云审计软件本身自成系统，但是应考虑与办公自动化兼容，吸收办公软件中简易、灵活、方便、排版性强等特点，加大软件适用范围。④软件处理内容的通用性，软件在设计过程中，应尽量考虑处理审计工作底稿的共性部分，不宜面面俱到，避免产生负面影响。参照 IAPC《计算机信息系统环境——数据库系统》《计算机辅助审计技术》等系列准则，以丰富和完善我国的云审计准则体系，从而解决审计实务与审计准则的矛盾差距，使准则能真正起到指导实践的作用。

### （四）云审计过程

#### 1. 数据获取

数据获取过程是指物联网通过云计算平台获取数据的过程，主要包括数据整合、数据清洗、数据转换、数据加载等业务过程。由于云环境下数据平台上有多租户的出现，必须明确数据的权属。这个过程要确保数据安全、可靠，有效使用的制度主要有对数据分类并对数据进行标识、分配权限。同时，针对不同数据进行分级，制定数据加密等安全策略。

#### 2. 数据存储

物联网和云计算环境下的数据必须保证所有的数据包括所有副本和备份，存储在合同、服务级别协议和法规允许的地理位置。建立数据访问控制；进行数据加密，建立内容发现制度，确保数据安全审计工作有效进行；要求对数据进行数据等级区分，分开存放；如果存在数据共享，应该对访问权限进行严格精细化控制，并实时监控和提供审计措施。

#### 3. 数据分析

数据分析实务中要避免数据遭到任何哪怕是轻微的泄露，以避免侵害到数据拥有者和数据相关者的利益。大数据审计要审核企业是否可以通过日志文件或基于代理的工具对数据分析活动进行有效监控；企业是否制定数据安全的应用逻辑；企业是否制定基于数据管理解决方案的对象级控制制度；企业是否以多份、异地备份方式进行数据备份，防止数据丢失、意外的数据覆盖和破坏，必须保证数据可用。

### 4. 数据可视化

数据可视化是指计算机图形学、图像处理技术和 Office 办公软件，将数据或数据分析结果转换成图形、图像、表格、文件等形式，并可进行交互处理。数据可视化是为了洞察分析数据表述的问题，找出问题的答案，发现关系性规则，进而发现在其他情况下不易发觉的事情，弥补现有科学分析方法的不足。大数据可视化审计是审查数据可视化是否表达事情的原来面目，是否扭曲了事物实际情况；审查数据可视化是否泄露了信息，是否有利于事情的表达等。

### 5. 数据共享

企业数据主要通过云平台进行数据的共享。因此，数据审计要审查企业是否设定安全的数据共享应用逻辑；是否制定数据分析解决方案的对象级控制制度；是否有基于数据内容的数据保护；涵盖如电子邮件、网络传输、数据库、文件和文件系统是否有加密解决方案。

## （五）云审计的内容

### 1. 对会计信息系统的设计、开发过程进行监督和审查

为解决内部控制检查与账务处理系统时效性的矛盾，必须在信息系统设计中既要使业务处理流畅顺利，又要使软件在运行过程中保持自我检查、自我清洁的功能；同时还要提供审计接口，供内部审计部门及时对数据进行检查。在信息系统开发阶段，审计人员不仅要参与开发，提出改进意见，还要对开发工作本身进行审核和评价，这有助于了解信息系统内部控制的各个方面。

### 2. 对会计信息系统的运行实施审计

信息化环境下原始凭证大量减少、数据之间直接对应关系模糊、业务处理和财务处理高度集成，审计重点为：程序处理过程是否与有关的标准及法规相符；考核程序对错误的检验和控制情况。

为达到审计目标，可运用包括符合性测试和实质性测试在内的多种测试方法，对被审计应用程序运行过程中产生的数据的准确性、可靠性、合法性进行验证；也可运用在被审计系统中设立的审计控制点，定时与不定时地收集有关审计数据，以进行审计验证。另外，还应结合被审计系统的特点，采用一些专门的技术和方法，如模拟数据测试法、人工测试法、计算机辅助法、审计程序测试法等。

### 3. 对内部控制的审计

程序测试，即审计人员从被审计单位的计算机中复制正在使用的有关程序，检查其

操作与控制功能是否存在且有效，并同被审计单位的保存档案是否一致。

嵌入审计程序，即在被审计单位的财务信息系统软件中嵌入审计程序，对系统的运行实时监控，如果能较好地与实质性测试配合应用，可直接获取相关审计证据。

数据测试，即将事先选定的业务数据输入被审计单位的计算机进行处理，然后把处理结果同预定的结果相比较，看两者是否一致。

### 4. 动态的在线审计

信息化环境下，在同一时间可能有多个用户执行同一项功能、调用同一个数据文件，而系统只记录下最终的结果。若审计时只对静态系统进行审查，不进行有关运行程序、数据文件的联机实时审计，有时就难以发现存在的问题。因此对于重要业务的处理、关键的处理程序、业务人员的上机操作记录等应该通过网络随时和在线进行动态审计，并不一定要等到报表公布的时候才能进行，这样不但可以经常性地为被审计单位提供管理建议书，而且还能充分发挥内部审计的监督职能，随时监控被审计单位的经济活动，更加有效地防止舞弊行为、减少其所带来的损失。

### 5. 充分利用网络进行辅助审计

在信息化环境下，审计人员应充分利用网络资源的优势，在审计各个工作阶段实施网络辅助审计，以提高审计工作效率：①通过计算机网络自动收集有关审计综合信息、审计法规信息、审计项目信息等；②在取得被审企业的网络管理权限后，可查询并复制重要的财务信息；③借助嵌入审计程序对网上数据处理的一些敏感环节进行实时动态的监控，以满足审计的需要；④向银行、税务、工商及往来单位发出电子邮件对被审计单位的支付能力、纳税情况和信用状况进行调查与评价，以获取有用的审计证据；⑤利用视频随时召开可视会议，进行调查、座谈和取证，并可就重大审计问题进行网上专家会诊。

### 6. 发表审计意见

（1）对数据的安全性发表意见

在物联网及云计算的运用下，加上网络的虚拟化、无边界、流动性等特征，数据及其系统面临较多的安全问题。例如，商业机密被第三方所利用、商业机密或个人隐私的数据被公司内部别有用心地"恶意"利用、自然灾害等意外情况的发生等。因此，数据安全是数据可靠、有效使用的前提。为了有效保护系统和数据安全，做好灾害预警等，数据审计对于数据安全和物联网的建设有着至关重要的意义。因此，大数据审计首推对大数据的安全性发表意见。它不仅要对提供数据服务供应商的安全可信性发表意见，同时也包括对服务提供商本身的可信性发表意见，对企业内部的大数据收集、处理等过程的数据安全性发表意见。

（2）对数据来源和数据质量的可靠性发表意见

数据获取过程中对数据的处理，是为后续流程提供高质量数据的基础，因此，如何获取数据以及对数据如何处理，对后续高效高质量的数据分析起着至关重要的作用。

数据审计的目标是确保数据质量的准确性、完整性、一致性、时效性、可信性以及可解释性。具体而言，当采集的源数据存在数值缺失、空值、冗余、错误、格式不一致、含义不清等问题时，审计人员应当进行数据整理、加工，剔除错误或偏离期望的值，以提高审计分析的准确性和效率；保证数据不缺属性，确保数据的完整性；使数据之间不存在差异，相互可内洽，达到数据的一致性；数据的"新鲜感"——及时送达数据确保数据的时效性；在整个数据整合过程中，统计出有多少数据是用户依赖的，以测数据的可信性；最后，也是最重要的，保证数据容易被理解，以达到其可解释性。

（3）对大数据分析的有效性发表意见

通过数据产生、数据获取、数据存储、数据分析、数据可视化，最后到达数据结果，是业务部门数据操作的整套流程，也是检验数据是否合理及有效性的最重要一步。数据往往被深埋在非常大型的数据库中，且往往包含多年的历史数据，同时数据量和搜索工作量都非常大。数据分析的有效性不仅取决于数据质量，也取决于数据分析的合理性。数据审计必须对数据分析的合规性是否达到数据分析效果进行审计。数据审计人员通过开展数据分析，科学高效地确定项目、编制方案、实施审计、出具报告，从而确保数据的准确性和有效性。

# 第二节　云审计平台架构

## 一、云审计平台的各层建设

### （一）IaaS 层建设

审计云平台 IaaS 层上构建一个云平台，为审计机关提供统一的基础设施服务，包括处理、存储、网络和其他基本的计算资源。各审计机关能够部署和运行所需软件，包括操作系统和应用程序，但不需要管理或控制任何云计算基础设施。

1. 应用服务节点

采用刀片设计。数据库集群节点：采用大内存节点设计，通过数据库本身的功能实现 RAC 或者集群数据库平台。

2. 云存储

私有云存储系统是集成私有云存储软件的存储系统，专为存储虚拟化和高性能应用而设计，有先进的存储虚拟化功能和强大的扩展性，可以为中大型企业搭建私有云应用存储系统创造良好的基础。

3. 备份系统

备份存储系统可以针对多平台的复杂 IT 环境提供企业级数据保护，并采用灵活的模块化结构，一个系统就可满足客户目前和将来的需求，大大降低了配置成本。

### （二）PaaS 层建设

管理平台：云操作平台主要实现虚拟化资源的抽象与管理、快速部署和按需使用、智能化的任务调度和负载管理、海量数据管理和分布式存储、功耗管理和节能降耗、安全机制的保证等。

### 1. 模块化的系统结构

基于模块化的系统架构，可以针对不同用户的需求，灵活组合各种功能模块以提供不同的功能。可选的或基于定制的用户 Portal，为不同的用户提供丰富的系统访问体验。模块化的系统架构也方便对系统进行升级。当系统添加新功能时，只需将新的功能模块添加到系统中，而无须对系统已有功能进行改动。当系统改进某项功能时，也只需将相应的功能模块进行升级即可。

### 2. 资源抽象与管理

对系统已注册的各种软硬件资源实现不同层次和粒度的资源抽象，将云计算中心的所有资源（包括服务器、网络、存储等）进行统一管理，为实现资源的负载管理和动态调度、快速部署及按需分配、资源隔离与安全可靠等打下坚实的基础；同时，为管理员快速、精确地掌控系统运行情况提供基础信息。

资源抽象可以使系统软件环境与其底层硬件基础架构分离，以便将多个服务器、存储基础架构和网络聚合成共享资源池。然后，根据需要安全可靠地向应用程序动态提供这些资源。借助这种具有开创意义的方法，客户可以使用价格低廉的行业标准服务器以构造块的形式构建自我优化的数据中心，并实现高水平的利用率、可用性、自动化和灵活性。

实现对系统中各种资源有效的监控，包括服务器、存储、网络等。监控信息由模块化的采集插件从各资源中收集并保存，再经过监控模块的处理，形成各种有用的系统监控信息，并以实时图示、报表、告警等多种方式呈现给相关的用户，以供系统运维人员及决策者参考；同时，作为多种系统策略的参数，包括资源部署策略、资源分发策略、资源调度策略、系统能耗管理策略、用户资产管理策略等。

### 3. 资源部署与按需分发

实现对系统资源的统一管理，并以服务的方式为用户提供一个完整的运行平台。将接收用户发送的请求，或根据系统设置的资源部署生成策略，并根据系统当前运行状态，包括资源部署、资源分发、资源使用、用户状态等条件，在资源部署策略的作用下，基于点对点快速分发技术，实现新的系统资源的快速批量部署。在部署生成新的资源之后，系统会根据用户请求，按照系统资源分发策略设置的条件，选择系统中合适的资源，按需分发给用户，供用户使用。

### 4. 资源调度

通过对资源的统一管理，实现对各种资源的高效利用，面对不同用户的不同任务，通过全局的细粒度的调度方式，实现对业务系统的负载均衡和对资源的充分利用。

为实现任务调度与负载管理，对物理硬件层、资源抽身层及业务服务层的多种运行指标均进行实时的监控和分析，对应用和资源配置调度策略，设定服务级别，并对关键指标进行统计预测，保证资源可满足应用负载；同时，实现多种应用之间的负载均衡，充分利用资源的效能。

### 5. 功耗管理

实现多种系统功耗管理与节能策略，以满足系统在不同运行时期的能耗管理需求。这些管理策略综合考虑系统设计规模、系统实际运行状态、系统用户活动状态、系统资源运行及调度状态等多种因素，实现系统自动化功耗管理。同时，允许管理员手动设置多种系统参数，以便于管理员对系统进行有针对性的优化。

### 6. 用户管理

实现一套完善的用户管理流程，以满足云计算中心对大量用户有效管理的需求。对用户进行分类，并分别赋予不同的系统角色，通过用户角色与系统权限的关联，使不同的用户拥有不同的系统权限，进而保证满足各种用户需求的同时，使用户之间不会相互干扰，也不会对系统进行越权访问，以保证系统及用户的安全。

### 7. 安全管控

采用个人密钥、加密卡、防火墙系统等产品与技术，构成云安全方案，可以实现从网络层到数据层的真正安全。

### （三）SaaS 层建设

传统的联网审计系统部署模式为各审计机关分别采购应用服务器、数据库服务器并安装联网审计系统，审计人员通过办公局域网访问系统开展审计工作。这种情况下，势必产生一系列问题：如地方审计机关 IT 成本居高不下；地方审计机关人力资源有限，缺乏专业维护人员；有些审计机关因为当地财力有限无法支付高成本的建设费和维护费用。产生这些问题的一个重要原因在于传统联网审计系统部署模式属于分级单独部署，每个审计机关都需要配置独立的硬件资源、软件资源。

以地税审计业务为例，由于地税审计数据实现了省级集中管理，审计厅从省地税局取的数据已经包含全省的地税数据。这种情况下，非常适合建设一套 SaaS 的地税联网审计系统，由省审计厅为下面市级、县级审计机关统一提供硬件、应用软件的资源服务，消除了地方审计机关需要购买、构建和维护基础设施和应用程序的问题。市级、县级审计机关通过电子政务网访问省厅的地税联网审计云服务，省厅的地税联网审计云服务提供统一的用户管理、安全登录、权限管理等功能，实现了审计人员利用地税审计模型只能访问授权后的数据，从而可以像应用本级的系统一样的效果开展常规的项目审计。

## 二、系统架构的特点和优势

### （一）特点

云审计是一个系统平台，将大量数字化的审计信息在一个平台上统一管理和调度，不仅可以归集与管理审计所需的各类资料和数据，对容纳的数据进行实时更新和有机集合，而且能够智能控制对审计模型的选择和使用，保证审计过程的质量，提高审计工作效率和效果。在云计算模式下，审计信息化建设的基础设施、软件系统开发等均由审计署部署实施，"地方审计机关只需要连入审计署的网络并得到授权，借助轻量级客户端（如手机），就能够使用各类审计软件和审计资源"。这种模式不仅可以有效解决审计业务实施系统技术标准不统一的问题，而且能够极大地降低审计信息化建设成本，避免重复投资。

云审计平台是一个实现各类审计信息的数字化，以促进信息的交流和共享，使审计资源得到充分优化利用的综合性平台。该平台可由数据存储交换、数据分析应用、审计决策管理、审计业务实施等子平台组成。其中，数据存储交换平台是系统基础，用以采集存储各类审计资源；数据分析应用平台是基于存储交换平台的应用系统，通过该平台将现场审计数据、联网审计数据、历史数据等审计资源筛选归类，并根据业务应用需要形成标准统一的各类审计模型，包括审计对象模型、审计数据模型、审计数据分析模型等，从而实现审计的自动化和审计管理的智能化，节约审计时间，提高审计效率；审计决策管理平台侧重于组织管理，决策者通过该平台实现对下级审计机关或人员指挥调度及进行行政及业务指导；审计业务实施平台主要是实现全国审计业务应用系统的统一，全国各地审计人员通过该平台应用审计署统一定制开发的各类审计业务实施软件，使审计过程的可控性和可比性得以提高。

构建专业的、系统的云计算安全审计系统可以避免目前现场审计携带笔记本电脑容易造成数据泄露失窃的风险。云审计安全系统能够有效加强云计算的审计监控能力，能够提供专业、高效和相对安全的数据存储。用户运用云计算技术将数据存储在云平台中，相对于自己管理数据存储，能在一定程度上消除因各种安全问题导致数据丢失的顾虑。

（二）优势

（1）在审计实施时间上，达到远程实时审计，大幅度提高审计业务工作效率。

（2）在审计工作质量上，实现事前预警和事中审计、审计作业的实时监控，大大提高审计数据查询的准确性和事前数据预判，降低审计风险，减少违法损失，提高效益。

（3）在审计作业空间上，达到网络远程审计，实现经济、高效、低耗、安全的工作效果，减低审计工作成本。

（4）在审计信息系统分析与管理上，达到完整性、及时性和统一性，实现审计资源的优化配置。

一般建议云审计平台的行业依托由审计署或省一级审计机关建设，条件成熟的地市审计机关也可以建设，由哪一级审计机关来建的前置条件取决于行业数据集中在哪里。建成后，审计人员不需要关心联网审计平台部署在哪里，也不需要知道云审计平台由谁来维护，更不需要为云审计平台建设而花费投资。统一由上一级审计机关部署、投资、维护，下级审计机关的用户体验都是相对独立的行业云审计系统，可以在平台上做各自的审计分析模型。

# 第三节　云计算下的协同审计模式

## 一、云协同审计概念的提出

### （一）理论基础

#### 1. 系统论

系统论是反映事物客观规律和科学研究思想方法的理论，它认为世界是系统与系统的集合。因此，不仅要认识系统的特点和规律，反映系统的层次、结构及演化，更主要的是要调整系统结构、协调各要素的关系以优化系统。研究世界的任何部分，除了研究相应的系统与环境的关系，还须注意掌握对象的整体性、关联性、等级结构性、动态平衡性及时序性等特征。协同理论的创始人哈肯描述了各种系统和现象中从无序到有序转变的共同规律，以及不同事物的共同特征及其协同机理，即远离平衡态的开放系统在与外界有物质或能量交换的情况下，可以通过自己的内部协同作用，自发地出现时间、空间和功能上的有序结构。

任何组织都是一个由相互联系、相互作用的各个要素组成的有机系统。作为组织中的一个单元或子系统，还与其他子系统相互影响、共同作用，以产生宏观上的结构和功能，达到 1+1 ＞ 2 的协同效果，即系统协同。其主要表现形式：两个以上同方向的因素同时发挥作用对整个系统的影响要大于一个因素，而不同方向的几个因素同时起作用，最终表现为几种力量相互抵消或由占上风的因素主宰。它在企业中的作用表现如下：

首先，企业作为一个开放的系统，公司治理、内部控制、内部审计与其他子系统之间相互作用，并为了实现同一个企业目标而相互支持、帮助，由此产生了内部的协同效应。

其次，内部控制审计和财务报表审计相互影响。为节约审计成本和审计资源，两者的工作成果可以相互利用，故整合审计有助于提高审计效率，充分发挥审计的协同效应，最终提高财务报告质量。

最后，财务报告质量是企业内外部系统共同作用的结果和反映，其中内部系统是内因和决定因素。在这个内部系统中，由治理层设计、管理层实施的内控系统的有效性决定了其质量高低。内部审计作为重要一环，负责对战略和战术层面的其他四要素——控制环境、风险评估、控制活动、信息与沟通的设计和实施效果的监督评价。同时，有效的内部审计也对外部治理系统中不可或缺的监督机制——财务报表审计起到重要的支持作用，而且对财务报表审计和内部控制审计结合的整合审计也起到了基础性的监督评价和佐证作用。因而，它不仅是整合审计而且是财务报告信息质量保障机制中的重要一环。

#### 2. 协同理论

20 世纪 70 年代，德国物理学家哈肯提出了协同理论，研究的是开放系统在远离平衡态与外界存在物质或能量交换时，通过内部协同作用，在时间、空间和功能上出现有序结构的规律。协同理论是基于理论物理学而建立的一个自组织理论，着重研究各种系统从无序变为有序时的相似性，以发现自组织系统的一般原理。协同学创始人哈肯认为，协同是系统的各部分之间相互协作，使整个系统形成微观个体层次不具备的新结构和特征。社会由许多复杂开放的系统组成，属性不同的各系统间存在相互冲突而又相互合作的关系。协同理论认为，通过对社会系统中各子系统进行时间、空间和功能结构的重组，能产生新的时间、空间和功能结构，其效应远大于各子系统效应之和。协同机制因而是实现系统整体价值的有效方法。

### （二）审计的协同效应

协同理论研究的是非平衡开放系统中的自组织及形成有序结构的理论，其研究对象必须具备复杂系统、开放系统，系统内部存在协同作用，协同的目的是实现价值增值。从协同理论的角度看，审计作为一个系统具备协同理论的基本研究要件。

一是《中华人民共和国审计法》（简称《审计法》）规定，审计署在国务院总理领导下主管全国审计工作。因此，审计署规划建设的国家审计信息化必须确保全国审计系统"一盘棋"，实现全国审计系统的信息共享和业务协同目标。

二是云审计平台运用 Internet 高效、可信及统一的虚拟计算环境，使计算机审计系统从封闭、静态、可控的运行模式逐步发展为开放、动态、具有柔性及适应性的计算机审计运行环境，在开放、动态和多变的网络环境下实现企业信息系统与计算机审计系统的共享和集成。

三是审计是对企业运营管理制度、管理活动及结果评价和报告的系统过程，其目的在于检查并揭露企业运营管理中的缺陷和重大风险，帮助企业改善运营管理。通过审查评价企业管理协同机制设计执行、协同效应等，改善企业协同管理提出意见和建议，最终促进企业实现价值增值。

### （三）云协同审计的概念

云协同审计是在审计公共云平台下，审计资源通过云来协同，跨机关、跨部门整合资源，实现硬件资源、软件资源、信息共享，审计机关、审计人员通过协同管理、协同工作机制，协同审计分析、协同审计评价，共同完成审计任务的一种工作模式。

## 二、云协同审计的优点

（1）前移审计关口，由传统的事后审计变为事前、事中、事后审计机制，打破审计信息"孤岛"，增强审计监督的约束力。

（2）避免无序审计、重复审计，提高效率，降低审计风险。

（3）建立"大审计"格局观，全国审计"一盘棋"，打破审计地方保护主义屏障。

### 三、构建云计算下审计协同模式的路径

#### （一）协同审计技术

云协同审计是一种审计模式的创新，可以使审计机关以按需、易扩展的方式获得所需要的硬件、软件、平台资源和人力资源。

它涉及的技术较多，主要包括虚拟化、分布式计算、分布式存储、弹性扩展、云计算平台管理等技术。

1. 虚拟化技术

通过虚拟化技术可实现软件与硬件的隔离，一方面，可以解决数据中心资源的整合问题，在整合过程中对计算、存储等各种资源进行标准化；另一方面，通过虚拟化将资源切割为更小的可以更好调度的资源单位，以达到调度过程中充分利用硬件资源的目的。虚拟化技术根据对象可分成计算虚拟化、存储虚拟化、网络虚拟化等。计算虚拟化又分为系统级虚拟化、应用级虚拟化和桌面虚拟化。

2. 分布式计算技术

分布式计算技术是指由多台同构或异构的计算机连接起来协同完成特定任务的计算机群。在这样的工作环境下构成了计算的分布性，任务采用分布式的架构被划分为多个模块分布在各个计算机上运行，各个计算机之间相互关联、协同工作。

3. 分布式存储技术

分布式存储也称为云存储，是将网络中大量的各种不同类型的存储设备通过应用软件集合起来，协同工作，共同对外提供数据存储和业务访问功能的系统。分布式存储的核心是应用软件与存储设备相结合，通过应用软件实现存储设备向存储服务的转变。分布式存储的目标是利用云环境中多台服务器的存储资源满足单台服务器无法满足的存储需求。其特征是存储资源能被抽象表示和统一管理，并能保证数据读写与操作的安全性和可靠性。

4. 弹性扩展（按需分配）技术

云计算使用户可以随时随地根据应用的需求动态增减 IT 资源。云计算提供了一个巨大的资源池，而应用的使用又有不同的负载周期，根据负载对应用的资源进行动态伸缩（高负载时动态扩展资源，低负载时释放多余的资源），可以显著提高资源的利用率。弹性扩展（按需分配）技术为不同的应用架构设定不同的集群类型，每种集群类型都有特定的扩展方式，然后通过监控负载的动态变化，自动为应用集群增加或减少资源。

5. 云计算平台管理技术

云计算资源规模庞大，服务器、存储和网络等数量众多，并可能分布在不同的地点，同时运行着各种应用程序，如何有效地管理这些硬件设备，保证整个系统提供不间断的服务是一个巨大的挑战。云计算管理平台是整个云计算部署中的大脑，负责整个资源池的管理和调度，云计算系统的平台管理技术能使大量的服务器资源、存储和网络资源协

同工作，方便地进行业务部署和开通，快速发现和排除系统故障，通过自动化、智能化的手段实现大规模系统的可靠运营。

### （二）协同审计模式的实现路径

**1. 完善国家审计协同法规制度建设**

国家治理中的法律制度规范提供了治理子系统活动的界限范围，规定了治理主体以及群体的活动空间、自由度，是国家审计协同的基础内容。国家治理系统包括决策系统、执行系统和监督控制系统，良好的国家治理必然要求以法规制度规定它们之间的相互联系，因此，构建国家审计协同的基础内容是完善国家审计协同法规制度。从当前看，首先要建立横向协调的国家审计与其他监督子系统衔接制度。要以《审计法》为指导，梳理修订现有法规中不利于协同的制度内容，在经济责任审计联席会议制度等经验的基础上，完善与监察、司法以及其他经济监督部门的协调工作制度，明确国家审计监督中各个参与主体的权利义务、协同行动机制等。同时，还要在国家审计准则中补充完善利用外部专家工作、项目外包、审计公告等有关制度内容，规范外部社会力量参与国家审计的行为责任。

**2. 搭建国家审计监督的云审计公共服务平台**

国家审计协同整合机制，要求在明确国家审计监督活动中以审计机关为主导的基础上，建立多元主体共同参与的工作协调制度和机制，充分发挥审计监督服务系统中各主体的功能优势。要利用信息技术、云计算等现代技术，建立云审计公共服务平台，进行充分的信息与资源协同整合，构建国家审计机关、财政监督、监察等受托责任检查部门、社会公众之间的有效协同机制。建立国家审计协同工作制度、信息传递交流制度、预警制度、决策制度、自我评价监控制度、考核制度，并通过国家审计协同系统自我评价控制闭环的建立，促进国家审计协同的自我完善与发展。

**3. 充分发挥上级审计机关的领导协调作用**

国家审计战略层面协同要求国家审计要增强宏观意识，自觉地推动和服务国家治理改善，管理层面协同强调了政府、市场和社会中介组织、公民个人等主体的相互合作。多主体治理要求培育和构建包括社会组织在内的多元权力中心，持续优化审计结构。按照协同论观点，在推进国家审计有序发展过程中，区分影响协同的关键因素和次要因素。关键因素不仅引导整个国家审计发展进程，而且决定着国家审计协同效果，找出起决定作用的序参量，才能有效把握国家审计的发展方向和趋势。审计机关权力与权威的公共性决定了审计机关在国家审计监督服务中的必要性和主导地位。

上级审计机关要发挥主导作用，首先，要不断发现协同机会。依据审计目标、审计任务、国家治理需要，在包括审计项目授权、审计项目审批、审计项目计划、执行审计（取证）、结果报告、审计处理、行政处理、司法处理、结果考核等一系列审计过程中可能的协同机会收集信息，作出评判，识别需要多个主体共同协作能够显著改善审计监督效率效果的机会。

其次，国家审计协同要求国家审计机关的定位不仅是提供监督服务，而且是包括朝向国家治理目标实现的公共权力配置、公共资源运用等的检查建议过程。要发挥市场、社会、公民个人等多元主体的力量协作提供审计服务，实现国家审计多中心"协同共治"。要以上级审计机关为主导，引导各级审计主体参与安排审计监督，努力创造一个利益共享、责任共担的协同管理机制。

# 第七章 大数据环境下的审计技术创新

## 第一节 大数据环境下的审计理论创新

### 一、大数据环境下的审计创新性解读

第一，审计理论方面。传统的审计概念指通过数据的收集和分析，针对被审计单位某个年度的财务报表和相关资料进行审计，从而明确被审计单位的运行管理活动是否合法合规，充分发挥审计的监督和检查功能。审计的目的非常明确，即检查被审计单位的受托方利益是否得到了保证，被审计单位的内部管理体系是否完善，以及相关经济活动是否可靠等。

在大数据时代下，审计流程省略了一部分环节，直接从数据分析开始，明显降低了审计成本，随时随地收集财务报表和相关资料。由此可知，传统的审计概念无法满足时代的发展，为了适应社会的信息化发展，审计技术人员需要创建一套符合时代发展要求且具有创新性的审计理论体系。

第二，审计范围方面。大数据技术作为一种科学技术，其影响范围非常广泛且深远，大数据技术对于促进社会经济发展和提高人们生活水平具有至关重要的作用。随着大数据在审计工作中的不断渗透，其审计范围也越来越广泛，实现全覆盖审计。总之，通过大数据技术，既能够控制审计风险，还能够确保审计结果的可靠性。

第三，审计技术方面。一般情况下，对于审计证据的获取，审计工作人员都是亲自前往被审计单位进行搜集，再应用审计的七大方法进行审计数据的分析，从而获取审计结果。随着互联网技术的快速发展与广泛应用，数据的格式和来源逐渐多元化，数据的内容也越来越丰富。在这种情况下，不管是传统的审计理论，还是传统的审计技术，都无法满足现代社会发展对审计行业的发展要求。因此，实现全景式智能化审计模式是大势所趋。

第四，审计流程方面。在审计工作的运行中，大数据技术的应用大幅度降低了审计成本，其原因在于大数据技术具有迅速、廉价和优化等优势特征。审计机构可以在大数据中心高效且全面地获取被审计单位的信息，无须亲自前往被审计单位收集信息，既实现了信息资源的快速共享和传输，也实现了审计工作人员在线工作。此外，在大数据协同审计模式下，数据中心的智能软件能够同时分析多个审计项目，审计人员再通过分散查证审计疑点的方式，将单个审计项目的处理流程转化为多个审计项目协同的处理流程。相比于早期的审计模式，这种大数据协调设计模式下，审计人员能够在确保较低审计成

本的基础上高质量、高效率地完成审计工作，还能够使审计的各种职能得到淋漓尽致的发挥。

第五，审计价值方面。根据数据审计价值的演进过程可知，基于大数据发展的原动力、社会需求的外在动力和新趋势下提升创新能力的内在动力，是数据审计价值演进的三种驱动力，也是审计价值演进理论中三维理论模型的重要内容。三维理论模型以内容、行动、创新为三要素，主要内容是讨论和探索三维视阈下大数据审计各特征之间的内在关系，深度分析和探究大数据审计的价值演进路径。

从本质层面分析，大数据审计的发展过程实际上就是从电子数据审计逐渐发展至信息系统审计和电子数据审计共同推进的过程。在大数据审计发展过程中，人们对信息系统的应用和认知越来越清晰，并更重视大数据审计的价值体现，即充分利用大数据审计的优势功能，帮助更多的企业或单位提高经营水平，从而促进社会经济快速发展。

总而言之，虽然大数据审计具有明显的优势特征，如共享性、实践性和创新性等，但在大数据审计发展的最初阶段，这些优势特征仅体现在大型企业中，其原因在于受相关政策的影响，国内外政府都没有制定相应的激励政策，也没有为大数据审计发展提供财政补贴，因此在此阶段内大型企业和会计师事务所一直处于主导地位。

## 二、大数据环境下的经济责任审计与审计理论创新

### （一）经济责任审计的范围、分类

#### 1. 经济责任审计的范围

经济责任审计范围的确定需要遵循重要性原则，并结合审计风险所带来的问题。根据相关规定可知，所属于经济责任审计范围的公司具体包括：①资产占据重要位置的子公司。②公司内部管理干部所兼职的子公司。③任期内发生产权变动的子企业，如合并分立和重组改制等变动。④任期内出现关停并转或财务危机的子公司。⑤任期内没有进行审计的子公司。⑥不同类型的金融子公司和内部资金结算中心等。

#### 2. 经济责任审计的分类

第一，离任经济责任审计，指公司内部管理干部任期届满的经济责任审计，也可以指内部管理干部在任期内办理调任、免职、辞职、退休等事项之前所接受的经济责任审计。

第二，任中经济责任审计，指公司管理干部任职期间所接受的经济责任审计，也就是说，这类经济责任审计所审计的对象仅是在职期间的管理人员，具体指任职时间较长且领导根据规定和需要安排的审计等。

第三，专项经济责任审计，指公司内部管理人员因存在违法乱纪行为而进行的经济责任审计，或者是公司因出现财务异常状况和重大经济危机等情况而进行的经济责任审计，比如，债务危机、经营亏损、合并分立、破产关闭、重组改制等情况。

经济责任审计期间的确定是以会计年度为参照标准，并根据此标准确定审计和评价财务数据的期初数。若公司内部管理干部的任职时间是某一年度的上半年，则这一年度

初就是经济责任审计期间的期初；同样，若公司内部管理干部的任职时间是某一年度的下半年，则下一年度初就是经济责任审计期间的期初。

### （二）经济责任内部审计

根据企业干部管理部门提出的年度委托建议，内部审计机构需要制订相应的年度经济责任审计计划，在得到主管领导批准的前提下将其纳入年度审计计划之中，并且在组织实施的过程中结合实际情况，制定有利于经济责任审计工作的联席会议制度。此外，经济责任审计计划的内容主要涉及经济责任审计的委托以及经济责任事项的审定。

**1. 经济责任审计的内容**

经济责任审计的内容是内部审计机构根据被审计领导干部的职责权限、经济责任以及所在单位的实际情况进行确定的。其内容体现在以下几个方面：①核查被审计单位对党和国家制定的经济方针政策的落实情况；②组织管理和运营体系的改进、优化情况；③组织发展战略的制定和执行情况及其效果；④遵守与审计相关的法律法规的情况；⑤健全和完善各项管理制度，尤其是内部控制制度的制定以及落实情况，还有领导对员工的监管情况；⑥财政部门的运作情况，具体指收支是否真实、合法；⑦一些经济事项决策程序的实施情况及其效果；⑧重大项目的整个流程情况，如投资、建设、管理和效益情况；⑨个体是否遵守从业规定的情况；⑩资产的管理和保值增值情况。

**2. 经济责任审计的程序**

第一，审计准备阶段。在审计工作展开之前，首要确立审计组织，其次确定被审计领导干部及其所在单位，再由审计人员制定审计方案和传达审计通知书。其中，有关审计通知书的送达，应该送达至被审计对象，并抄送至其他相关部门。

第二，审计实施阶段。在此阶段，审计人员需要完成的工作内容有召开进点会议、收集有关资料、获取审计证据、编制审计底稿等，并征求被审计领导干部及其所在单位的建议和意见。

第三，审计终结阶段。在审计工作的终结阶段，审计人员需要编制、修改审计报告，并提交至相关部门，同时建立审计档案等。

第四，后续审计阶段。主要工作内容有包括检查审计过程中所出现问题的解决和整改情况，以及审计建议的实施效果。

在展开审计工作时，内部审计人员要充分考虑各种影响因素。比如，目标、风险以及成本等因素，并有效运用审核、访谈、计算和分析等方法，从而保证审计证据的客观性和全面性。

**3. 经济责任审计的报告与运用**

在完成经济责任审计项目之后，内部审计机构需要出具审计报告，并将审计报告以书面的形式送达至被审计领导干部及其所在单位，并征求被审计领导干部的意见。内部审计机构需要认真核实接收到的书面意见，必要时做出一些改动。经济责任审计报告的内容通常包括：①基本情况，具体指被审计单位的情况、被审计领导干部的职责、审计工作的进展情况等。②被审计领导干部对经济责任的履行情况。③审计过程中出现的主要问题和责任认定。④审计评价。⑤审计处理意见和建议。⑥其他相关的必要内容。

若审计工作中出现重大事项，则审计工作人员直接告知主管领导或有关部门即可，不需要将重大事项写入审计报告中。内部审计机构要根据实际情况编写审计结果报告，并将其送达至主管领导，提交至委托审计的管理部门，抄送至被审计领导干部及其所在单位。

无论是对企业的整体发展而言，还是对工作人员的个人发展而言，经济责任审计结果都发挥了至关重要的作用，并具有一定的意义。因此，内部审计机构要充分利用经济责任审计结果，将其价值最大化地展现出来。此外，内部审计机构要健全和完善有关经济责任审计的情况通报、责任追究、整改落实以及结果公告等各项规章制度，并及时跟踪监督被审计领导干部及其所在单位的整改落实情况。也就是说，针对审计建议和审计问题，被审计领导干部及其所在单位是否采取有效措施积极进行整改。必要时，内部审计机构要对审计对象进行后续审计。

对于经济责任审计结果和被审计领导干部及其所在单位的整改落实情况，内部审计机构有必要在相应范围内进行公告。而对于审计过程中所出现的各种问题以及有关建议，内部审计机构可以以书面报告的形式提交至主管领导或有关部门。

### （三）经济责任审计的指标

对企业资产、负债、损益和所有者权益审计以后，就基本掌握了被审计人所在企业的生产经营与绩效状况，如要更系统、更明确、有重点地了解，就有必要对相关的经济指标进行审计。企业的相关经济、业务指标主要是根据国家财务管理制度、财经纪律、有关法律法规和单位管理需要设定的。

各类经济指标可以提供总体或某一方面经济活动的数量、质量的概括性数据，对其审计，有利于对被审计领导人员的管理水平和工作业绩进行客观、公正的评价。经济指标审计的方法主要是计算、核实、比较、分析。

审计对象是企业领导人员，针对企业的一些重点指标如销售量、质量、利润、绩效、资金流转、员工收入、发展潜力等，经济责任审计，全方面地评价各类经济指标。针对经济能力如资产负债质量、企业盈利、经营成果、经营生产能力等进行审计，进行具体审计评价。

#### 1. 利润指标

企业如果以营利为主要目的，那么企业的生产经营和活动的结果就是盈利或亏损。呈现的结果可以是绝对的数额即利润总额，也可以是相对数额即资金利润率。在进行经济责任审计工作时，应该关注相应的审计利润指标。

第一，利润总额。利润总额是用绝对数的方式表示的企业经营生产活动的最终利润金额。利润总额的结算具有周期性，一般以会计年度为一个周期。经济责任审计也会对比前后责任周期的金额利润情况，也会将本周期的利润综合和年度计划、任期目标进行对比来衡量被审计责任人业绩的完成度。在经济责任审计过程中，审计工作人员应该注意审查被审计责任人和被审计单位是否有作假行为。

第二，总资产报酬率。总资产报酬率是企业经济效益的衡量标准，具体指的是企业在生产管理过程中，使用全部企业资产所能收获的收益率。

第三，资本收益率。资本收益率是企业净利润占企业实收资本的比值，收益率的高低体现的是企业对投资者投入资本运用并获得收益的能力高低。之所以用实收资本来计算投资报酬率是因为投资报酬率必须从投资者的立场出发，而不是从企业管理人的角度出发，因为企业管理人除了投资收入，还有企业固定的利息收入。所以相比较而言，投资者会更关心企业的投资报酬率。

第四，流动资产利用率。流动资产利用率指的是流动资产的投资使用效果，是流动资产占实际利润的比值。

第五，固定资产利用率。固定资产利用率指的是固定资产的投资使用效果，是固定资产占实际利润的比值。

第六，任期利润平均增长率。任期利润平均增长率指的是在一个任期内企业利润的持续增长状况，企业任期利润平均增长率是企业稳定能力和发展能力的体现。

第七，经营亏损挂账比率。经营亏损挂账比率指的是经营亏损挂账金额与企业负责人离任时的所有者权益总额的比值，该比率客观地分析了企业资金挂账，可以深刻地反映出企业经营亏损对所有者权益所造成的侵蚀结果。

### 2. 成本费用指标

成本费用指标体现的是企业单位的经营和管理水平。通过开展成本费用类指标的审计工作，审计结果可以体现被审计单位领导人员在其任期内企业经营成本的变化情况，并且通过将该情况与行业标准、前任期情况、计划指标、不同期间情况进行对比，看出企业在该领导人任职期间的成本变化情况。

第一，可比产品单位成本升降率。即通过可比产品单位实际成本与计划成本或上期实际成本进行比较，借以发现其升降幅度，并分析造成升降的各种因素及各因素影响幅度。通过可比产品单位成本升降率审计，可以进一步查明被审计人所在企业在其任职期间对成本费用控制的力度及其控制的效果。

第二，成本费用利润率。成本费用利润率是企业经营费用和企业利润之间的比值，能够体现出每单位耗用费用给企业单位带来的利润值，是企业的工作能力、效益提高、耗费降低方面工作成绩的体现。

### 3. 资本、资金指标

第一，资本保值增值率。资本保值增值率是任期末所有者权益与任期初所有者权益的比值。企业的经营管理者在进行企业决策时，必须尽量降低决策风险，尽可能地保证投资者的权益，使投资者的资产增值。无论是从债权人还是投资人的角度，都应该尽量维护所有者权益，帮助企业提高自身价值。

第二，资本周转率。资本周转率也叫净值周转率，是企业的销售收入和所有者权益的比值。企业的资产周转率体现的是相对比销售营业额，所有者投入资金的利用效率。资本周转率如果值低则说明企业的资本运用效率比较差；如果值高，则说明企业的资本运用效率较好、较快。但是如果资本周转率过高，则说明企业对所有者之间投入过分依赖，说明企业自身持有资本过少。

第三，资本积累率。资本积累率指的是任期期间所有者权益增长额和任期初所有者权益额的比值。体现的是企业领导人在任期内企业资本的变化情况，资本积累率是企业发展潜力的重要评价指标。资本积累率代表的是所有者权益总额增长率，体现了当年所有者权益的变化情况。除此之外，它还能体现投资者投入资金的保全性、增长性，资本积累率的数据偏高，说明企业保全性强，保全性强说明企业有应对风险的能力，可持续长远发展；如果资本积累率的值为负值，那么说明该企业资本和所有者的权益受到了损害。

第四，流动比率。流动比率是流动资产和流动负债的总额比值。流动比率是企业到期偿还流动负债能力的标准。

第五，速动比率。速动比率是速冻资产和流动负债的总额比率，是企业流动资产中，可用于立即偿还流动负债的能力衡量指标。企业的速度资产具体是指流动资产中的现金、短期投资、票据、收账款净额、银行存款，其中应收账款和票据可以在一定期限内变现，短期投资可以在市场上立马变现，银行存款和现金不用变现就可以立刻清算。相比之下，其他流动资产，比如存货、应付账款、待摊费用等很难或无法变现。因为存货会受市场环境影响，变现可能需要较长时期，相对应的预付账款只会增加存货，导致变现时间更长，待摊费用只能从支出上减少资金花费。由此可见，流动资产并不能全部变现偿还流动负债，所以流动比率，并不能代表企业真正的资产流动性，更不能代表企业真正的即期偿债能力。

速动比率体现了企业的资金清算能力。对于企业债权人来讲，速动比率的值越高越好，速动比率的值高说明清算能力强。除此之外，在评价速动比率时应该注重查看应收账款的收账率，检查企业是否存在赊账现象或未偿还现象，这些现象的存在会影响速动比率的可靠性。

## 4. 产量与销售指标

产量与销售指标是企业的生产能力、生产效果占市场规模大小、经营规模大小。用绝对数表示产量与销售类指标就是产品产量；用相对数表示产量与销售类指标就是销售增长率。在开展经济责任审计工作时，可以审计以下指标：

第一，产品产量。是以绝对数表示的企业各种完工产品的数量，直接反映了生产经营成果。对产品产量审计，主要是核实企业所提供的数据真实性和查明被审计人任期内生产成果的优劣状况，如是否完成了任期目标和年度计划，与前期相比是有所发展，还是有所萎缩等。

第二，销售收入。销售收入是企业实际完成的销售收入的总额。在开展对销售收入的审计工作时，首先，应该审计销售收入的真实性，检查销售收入有无造假、人为故意增减收入和调节利润的情况；其次，审计工作应该明确审查销售收入的计算准确性和账务正确性；最后，审计的目的是比较本期销售收入的完成情况和年度计划、前期销售收入之间的变化情况，通过比较，观察企业的市场占有能力变化情况。

第三，产品销售率。产品销售率是在任职期间产品售出与产品总量的比率，该比率可以反映出产品的社会需求度与工厂的产出和销售连接度。

第四，销售增长率。销售增长率是比较前期销售的增长幅度，该比率反映的是企业经营状况、企业产品市场占有率，及将来企业的业务发展趋势。除此之外，销售增长率还是企业容量扩张和资本集资的重要基础。

第五，销售利润率。销售利润率是总利润收入和总销售收入的比率。销售利润率反映的是每单位的销售收入为企业所带来的营业利润。除此之外，还能表示企业在收入增加效益提高方面的管理成效。

### （四）经济责任审计质量研究

经济责任审计的主要目的是分清经济责任人任职期间在本部门、本单位经济活动中应当负有的责任，为组织人事部门和纪检监察机关及其他有关部门考核使用干部或者兑现承包合同等提供参考依据。审计质量管理是实施一系列与审计质量相关的组织、控制和监督活动，以达到审计工作的目标并按照规定的标准执行。大数据环境下经济责任审计质量管理具体的措施还是得由经济责任审计机关和审计人员围绕遵守规定的标准与实现经济责任审计工作目标这两个方面来实施，尽管在人大和政府等机构提出的经济责任审计质量的要求上也有安排其他部门或人员进行评价和监督。

#### 1. 经济责任审计质量的意义

经济责任审计组充分利用围绕项目审计目标的专业判断对被审计对象可能出现的问题进行讨论。对于不熟悉审计的组织或业务规模大、审计复杂的业务领域有必要通过实践来理解，实践和认识的过程对短期内实现深入理解的内容有很大的帮助。随着理解的逐步深入，可能有必要更新、纠正和完善原始审计想法并调整审计实施计划。经济责任审计结果以经济责任审计报告等方式呈现出来。审计事实是否准确、结论是否正确、文书格式是否规范是判定一份审计结果质量好坏的三要素。以下措施对审计结果的质量起到控制作用：

第一，审计小组的集体讨论系统。众人拾柴火焰高，一个人的意见或许带有偏差，经过大家集体讨论后，综合各方面的意见给出一个合理的结果，保障了审计结果的质量。

第二，业务部门的复查系统。负责组建审计部门或审计团队所在的业务部门，指导和监督审计项目的现场实施。有义务对包括文书要素、格式、审计证据、底稿、反馈意见等进行全面的复核。

第三，审计项目审理系统。该系统独立于审计项目组织进行审理工作。主要是运用大数据技术在审计方案的基础上对审计项目资料参考审计方案的过程和结果进行全面的审查与独立判断。听取实施单位的意见，对审计处理结果提出建议。既要从一个旁观者的角度考虑审计结果是否公平合理，又要结合审计部门的出发点，考虑审计结果的目的。"旁观者清，当局者迷"，审计项目审理系统的独立性十分必要，是对审计结果质量的双重保证。

### 2. 经济责任审计质量中大数据的积极效应

（1）保障经济责任审计结果可靠。大数据信息平台的建设，可以有效地储存经济责任审计数据，使审计数据更加全面可靠，并且可以将数据与审计流程对应起来，使查找缺陷和问题更具有针对性。因此在经济责任审计运用大数据技术有助于完善审计结果，让审计结果更加可靠。

（2）促进经济责任审计全覆盖。随着大数据信息平台的建设，许多财务数据可以直接在数据库中更新获取，并且可以实时监控被审计领导从上任到离职这段时间的单位经济活动，彻底改变事后审计的方式，逐步向实时审计发展。大数据信息平台的建设、相关大数据审计处理程序的成熟与应用让小部分审计人员可以处理分析大面积的审计数据，极大地提高审计人员的工作效率。一些简单的、流程性的任务可以让大数据分析系统审核操作。这样既可以减少工作上的疏忽错误，还可以解脱大量的人力、物力资源。

（3）优化经济责任审计流程。大数据技术的发展影响着经济责任审计的阶段包括：①影响审计准备阶段；②影响审计实施阶段；③影响审计结束阶段。大数据技术在经济责任审计各阶段中都能有非常大的帮助，若能好好运用，可以使经济责任审计流程得到优化。

### 3. 经济责任审计质量的提高措施

（1）大数据审计系统平台的建立

建立政府大数据信息平台并实现政府数据共享。大数据信息平台最重要的一个功能就是可以实现信息的交流与共享，高效的信息交流有助于降低审计工作的成本。平台日常的工作过程中也要定期地进行维护更新，而且要特别注重相关信息数据的安全性。

建立大数据审计对象库并进行实时录入管理。要想更好更快地实现经济责任审计工作的既定目标和任务，就必须对审计对象的各项基本信息了解到位。设立大数据审计对象库，对大数据审计对象库数据进行动态更新。充分利用被审计对象的特点，根据相关情况进行合理分类，针对不同的风险设立不一样的等级，针对不同的风险等级，提供相应的监督预警机制，来有效地避免审计工作盲区，提高审计决策的合理性和科学性。

建立大数据信息安全机制与大数据分析平台并进行实时监管。时刻保持数据安全，增强数据保密的安全意识，预防和阻止安全威胁。根据现在社会上网络安全的实际情况，审计部门利用大数据进行核查时一定要注意数据的安全问题。

（2）加强经济责任审计人才队伍建设

大数据时代使社会在很多方面都发生了变化，作为社会主体的人也应该对这个新时代作出改变。在审计工作变革的同时，加强审计人员的大数据思维也是非常重要的。审计部门可以通过五个方面提升工作人员的这项技能：①通过实践中的培训，使他们传统的思维向大数据思维转变，使每个工作人员都具备总体思维、容错思维、相关思维和智慧思维；②对基础的审计知识和工作流程熟练度的要求，在面对非常规审查工作时，能够从容应对；③要求工作人员有较高的信息技术技能。如今是大数据与云计算的时代，在审计工作中难免会碰到信息技术和工具；④在信息加工处理方面，工作中肯定会有很多数据，如何处理筛选出有用的数据是非常考验工作人员这方面的能力的；⑤审计工作中有很多类型的数据，新规定推进一审多，所以工作人员必须具备知识综合运用的能力。这样在面对多类型数据时才能使用自身累积的各学科知识从容地处理各项任务，提高工作效率。

### （五）经济责任审计创新

#### 1. 审计制度创新

现代审计制度的建立意味着审计开始成为独立的机构而存在。无论是企事业单位还是政府部门，都可以委托审计机构对特定业务进行审计。而经济责任审计则是对现代审计制度的一次创新性应用，主要针对国企领导和政府官员。很明显，这种审计制度是为了适应社会主义市场经济体制发展而形成的。自形成伊始，这一制度就发挥了巨大作用，为审计制度的突破创新作出了巨大贡献。

#### 2. 审计目标创新

完成审计目标是审计活动的目的。针对审计目标的理论创新毫无疑问有助于整个审计理论体系的革新。一般而言，审计目标包含三层内容：一是表层目标内容。审计的表层目标就是如财务信息等与审计活动直接相关的内容，可以得到质量上的提高，并提高审计活动的公正性和真实性；二是中层目标内容。这一层次的目标则上升到与审计活动相关的经济活动和社会活动，设置这个目标的目的就是使这些活动能遵守相关法律法规；三是本质目标内容。这一层次涉及审计活动的顶层意义，即保障审计目标的经济责任能够进行。

经济责任审计目标的创新，推动了审计目标理论朝着更高层次发展，这一理论创新不仅使领导置于独立审计之下，我国的科教文卫事业也将随着这一审计理论的创新而得到进一步发展。

#### 3. 审计方法创新

"导向"是决定审计模式的主要因素，根据风险、制度、账表导向的不同，审计也应当采取相应的证据收集、风控、程序等。因此，从某种程度上说，"导向"贯穿在审计活动的始终，也引导了成体系的审计活动的形成。

经济责任审计的创新也体现在对"导向"的创新上。经济责任审计制度下的导向为审计活动的开展提供了全新的出发点和落脚点，为审计人员的审计工作提供了重要的切入点，为审计证据的收集提供了重要参考。

因此，审计理论或可从经济责任审计下的审计模式着手，对原有审计活动进行理论和实践上的创新。同时，引导现代审计制度理论和审计模式朝着更高的层次发展。

4. 审计报告模式创新

审计报告是现代审计制度下审计活动的最后一个环节，是审计活动成果的最终体现，也是审计意见的最终表达。而经济责任审计理论对审计报告模式的创新，不但丰富了审计对象的选择，更丰富了审计内容，这种创新是对审计制度的根本的创新。当然，相较于现行的一般审计制度，经济责任审计并未在报告形式上和内容上做出突破。

## 三、大数据环境下的法治精神与审计理论创新

### （一）法治精神的含义

"法治"是现代社会治理体系的根本底色，而"法治精神"则是法治社会的灵魂。在法治社会，一切规则的制定都应被所有社会单位所遵循，任何个人或机构都不能超出法律的界限行事。从某种程度上而言，法治社会的最大敌人就是权力失控。因此，法治社会的重要特征就是对掌握权力的政府的约束。法治精神并非一个空泛的概念，它有具体标准。

1. 规则意识

首先是社会层面对法治的遵从。要做到对法治的普遍尊重，必须使法律得到社会层面的尊重。反之，一部良好的法律也是社会秩序平稳运行的重要保障。所以，规则意识是法治精神的核心。

2. 人权意识

人权保障是法治社会的重要特征之一。因为法律是社会普遍意志的体现，而社会是由人组成的，因此对人的天然权利的重视也就意味着对现代法治精神的重视。在我国法治国家建设过程中，保障人权始终是重要的价值遵循。

3. 对公权力的约束和制衡

必须将权力放置于笼子中，人民才能放心。要建设法治社会，必须建立对公权力的监督机制，并配套相应的问责机制，从根本上断绝滋生腐败的温床。要实现这一点，必须牢牢建立权责统一的意识，以权力履行责任，以责任限制权力。

4. 对普世价值的追求

自由、正义的普世价值是现代人类社会形成的前提，也是现代社会活力竞相迸发的前提。这些普世价值是法治精神的根本内核，在此基础上衍生出的一系列社会权利，例如言论自由，是法治国家的普遍特征。

### （二）现代审计对法治精神的追求

作为建立于现代社会的审计制度，审计活动的开展必然要与现代法治精神相契合，并与现代法律体系相适应。这一要求对所有类型的审计活动都同样适用。反之，审计活

动作为重要的经济和社会活动，对法治精神的遵循也必将在社会上形成正面效应，促进法治社会建设。

如果想实现对权力的制约，必须做到以下几点：①做到对权力本身、影响权力的利益、影响权力的道德基础三方面的整体监督。②努力促进经济责任审计理论的发展，并以经济责任审计为权力的监督工具，对权力进行制衡。③着重研究对公权力涉及的经济领域的审计理论，促使审计理论与权力监督的需求相适应。

将审计作为促进民生的重要手段。要做到这一点，就要加强对与民生问题密切相关的审计制度的研究，特别是在与民生直接相关的薪资、福利待遇等方面。除此之外，对教育、医疗、就业等民生领域的审计理论的创新也是促进民生事业大发展的有力武器。

最后，要从制度层面保障审计活动。制度是维持现代社会运转的基础，对制度本身的审计更是促进社会运转模式更加完善的重要抓手。通过制度审计，制度中原有的不合理不完善的环节就会暴露出来，制度也将因此变得更为完善。而完善的制度又将促进审计事业的蓬勃发展，由此便形成了一个良性循环。但是，目前的制度审计理论还不够完善，对这一审计理论的创新，将是未来审计理论研究的一个重点。

# 第二节　大数据环境下的审计技术与工具创新

## 一、大数据环境下的审计技术创新

对大数据技术的研究主要从三个方面展开：

第一，大数据智能分析技术。这种技术研究的主要内容是各种高性能的处理算法、智能搜索和挖掘算法。它顺应了目前大数据研究分析的潮流和趋势，站在计算机的角度看问题，注重计算机的计算能力和人工智能，比如各类机器学习和数据挖掘的方法。但是在审计领域，大数据智能分析技术的应用还处于探索阶段，以理论研究为主。

第二，大数据可视化分析技术。这种技术以人为主体，人既是分析主体也是需求主体。从这个角度进行研究，在分析方法上注重人与计算机的配合，符合人的认知规律。大数据可视化分析技术主要在数据分析中融入人类的认知能力，这种能力是机器所不具备的。大数据在审计领域的应用中，这种可视化分析技术相对比较成熟。

第三，大数据多数据源综合分析技术。这种技术是使用数据查询、大数据技术方法等一些常用的方法对搜集来的各类数据进行综合对比，分析彼此之间的关联，目的在于从中发现隐藏的审计线索。在审计领域，这种大数据分析技术的应用也比较广泛和成熟。在大数据环境下，数据信息量大、内容多，所以审计人员在对大数据进行综合比对和分析中一般采用 Oracle 数据库。

### （一）图形数据库技术与工具

随着大数据时代的到来，传统的关系型数据库如 SQLServer、MySQL 等已经难以支撑目前大数据审计的需要。因此，NoSQL 横空出世。图形数据库是 NoSQL 数据库家族中特殊的存在，用于存储丰富的关系数据。在大数据时代，涌现出很多种数据库，图形数据库就是其中一种，这种新型数据库系统以数学中图论的理论和算法为基础，可以处理复杂关系的网络，且效率很高。在图形数据库的结构中，图由顶点、边和属性三个部分组成，顶点也称作节点，边也称作关系，节点可以带标签，节点和关系也都可以设置属性。

图形数据库是专门为处理复杂关系而创建出来的，擅长处理大量的、复杂的、互联的、多变的网状数据，且处理效率远远高于传统的关系型数据库。因此，它特别适用于社会网络、实时推荐、金融征信系统领域的大数据分析。大数据环境下，可以借助图形数据库技术开展大数据审计，发现审计线索。

### （二）自然语言处理技术与工具

自然语言处理技术（简称 NLP）是语言学、逻辑学、计算机科学、人工智能等计算机和人类（自然）语言交叉的研究与应用领域，它主要研究如何实现人与计算机之间用自然语言进行有效通信的各种理论和方法。自然语言处理研究与应用涉及的内容很广，各种技术及分类层出不穷。

第一，词性标注（简称 POS）。词性标注又称词类标注或者简称标注，即确定句子中每个词的词性，如名词、动词、形容词、副词等。

第二，词干提取。词干提取就是将词语去除变化或衍生形式，转换为词干或原形形式的过程。

第三，词形还原。词形还原就是将一组词语还原为词源或词典的词目形式的过程。

第四，句法分析。句法分析的主要任务是自动识别句子中包含的句法单位，以及这些句法单位相互之间的关系，即句子的结构。

第五，命名实体消歧。命名实体消歧就是对句子中提到的实体进行识别的过程。一般而言，命名实体要求有一个实体知识库，能够将句子中提到的实体知识库联系起来。

第六，命名实体识别。命名实体识别就是识别一个句子中有特定意义的实体并将其区分为人名、机构名、日期、地名、时间等类别的任务。

第七，语义文本相似度分析。语义文本相似度分析是对两段文本的意义和本质之间的相似度进行分析的过程。

第八，文本摘要。文本摘要就是通过识别文本的重点并使用这些重点创建摘要来缩短文本的过程。文本摘要的目的是在不改变文本含义的前提下最大限度地缩短文本。

第九，情感分析。情感分析就是使用自然语言处理技术来识别客户评论的语义情感、语句表达的情绪正负面，以及通过语音分析或书面文字判断其表达的情感等。

第十，机器翻译。机器翻译是利用计算机把一种自然源语言转变为另一种自然目标语言的过程，也称自动翻译。

第十一，文本相似度分析。文本相似度分析是对两篇（段）文本内容之间的相似度进行分析的过程。文本相似度计算在信息检索、机器翻译、文档复制检测等领域有着广泛的应用。

自然语言处理技术可用于文本相似度计算、信息检索、语音识别、文本分类、机器翻译等方面。用于自然语言处理的平台或工具较多，一般基于 Python、Java、C 或 C++ 等不同的设计语言来实现。

### （三）大数据可视化分析技术与工具

人类获取信息的途径多种多样，视觉是最高效的一种。大数据时代的数据分析，使用图形来表达含义的情况非常普遍。大数据可视化分析技术包含多方面的内容，比如文本可视化、多维数据可视化、网络可视化和时空可视化等。

当前，大数据可视化分析工具中应用较广的主要有：

第一，R 语言、Python、Processing 等开源的、可编程工具。

第二，Tableau、Qlikview、SAS、SAPBusinessObjects 水晶易表、IBMCognos 等比较商业化的软件工具。R 语言、Python 语言等在大数据可视化分析工具中是比较简单的分析软件，根据审计的需要，对大数据可视化分析工具作如下分析：标签云、散点图、条形图、折线图等常用的数据可视化技术。

## 二、大数据审计工具分析

大数据分析也有一定的条件限制，比如需要有效分析大量数据的技术，而且要在一定的时间内完成。各种大数据技术的产生，都是为了适应发展的需要，大数据时代需要从海量数据中获取有用的信息，对大数据技术也提出了更高的要求，这些技术覆盖多个学科领域，比如经济学、统计学等。与此同时，也开发了一些分析大数据工具。不同的大数据分析工具有不同的专长，一些擅长批处理数据分析，一些擅长实时数据分析。另外，一些大数据开源工具也可以很好地帮助审计人员开展大数据审计工作。

### （一）R 语言

#### 1. R 语言的优点

在统计领域，R 语言使用非常广泛。它是 S 语言的一个分支，使 S 语言得以实现。S 语言属于解释型语言，它主要用于探索各类数据、统计分析和制作图表。S 语言一开始的实现版本是 S-PLUS。

R 语言作为一种统计分析软件，集统计分析与图形显示于一身，是一个免费的自由软件，很多统计分析和绘图技术都由它提供，比如线性和非线性模型、统计检验、分类、时间序列等方法。它有 Unix、Linux、MacOS 和 Windows 版本，都是可以免费下载和使用的。R 语言的主要优点包括：

第一，使用方便。R 语言是一款开源的大数据可视化分析软件，目前广泛应用于数据分析与统计等领域，是目前最受欢迎的数据分析和可视化软件之一；R 语言软件安装方便，所占计算机内存小；相较其他编程语言而言，其操作难度要小很多。这些特点为审计人员应用 R 语言提供了方便。

第二，数据采集功能强大。R 语言能读取各种不同类型的被审计数据，如

Microsoft Excel、SPSS、SAS 等，以及从网页上抓取的数据，完全满足审计人员开展大数据审计工作的需要。

第三，数据分析功能强大。R 语言包含众多不同功能的函数、程序包，可满足审计人员的需要；作为免费开源软件，用户还在不断创建新的程序包来更新丰富 R 语言的使用功能；R 语言作为大数据分析软件，能够实现大量数据分析。

第四，大数据可视化功能强大。R 语言强大的数据可视化功能可以满足审计人员在可视化分析方面的各种需求。利用关联、聚类等建模手段，通过可视化手段直观分析被审计数据间隐藏的各种关联信息，方便审计人员对分析结果进行宏观观察、分析，从而帮助审计人员从被审计大数据中发现审计线索及其规律。

### 2. R 语言开发工具

第一，Rstudio。Rstudio 是一个 R 语言集成开发环境（简称 IDE）。主界面分为 4 个部分：默认左上角是一个代码编辑器，左下角是一个控制台和终端，右侧包含多个可选的功能标签，包括环境、命令历史、文件目录、绘图、数据源连接、包管理、帮助、构建工具、VCS 以及查看器。在 Rstudio 中可以直接运行代码，支持绘图、历史命令显示、代码调试和工作空间管理。

第二，其他工具。除了以上工具外，R Commander、Rattle、StatET、Tinn-R 等也是比较常见的 R 语言开发工具。

第三，基于 R 语言开发工具的数据采集。在采用 R 语言开发工具进行数据审计时，需要把相关数据采集到 R 语言开发工具中来。R 语言开发工具可以采集多种类型的数据，如统计软件 SAS、SPSS、Stata，文本文件 ASCII、XML、CSV、Web 抓取数据，数据库数据 Oracle、Microsoft Access、MySQL，电子表格数据 Microsoft Excel 等，能很好地满足大数据审计的需要。

### （二）Python

借助 R 语言开发工具，审计人员可以做数据查询、文件分析、数据可视化分析等数据分析，从而发现审计线索。Python 是一种高级程序设计语言，它的主要特点是面向对象、以解释为主、数据动态化。Python 的语法比较简洁便利、表达清楚，而且功能多样，学起来也很容易，类库也很丰富和强大，很少受到限制，还可以跨平台使用。由于 Python 的优点突出，所以从产生一直到今天得到了广泛的应用。

很多开源的科学计算软件包都提供 Python 调用接口。所以，工程技术和科研人员在分析实验数据、制作图表和开发计算机应用程序中都可以使用 Python 语言以及它丰富的扩展库。商用软件 Matlab 的大部分常用功能都可以在 Python 中找到相应的扩展库。

### 1. Python 特点

第一，免费、开源和可移植性。Python 拷贝可供使用者自由发布，也可以阅读它的源代码甚至对其进行改动，应用在新的自由软件中。

第二，易于维护和阅读。Python 代码定义清晰，源代码相当容易维护。

第三，拥有十分丰富的库。Python是一个庞大复杂的标准库，可以处理各种各样的工作，比如生成文档、单元测试、网页浏览器、数据库、线程、图形用户界面等。除了标准库以外，还有许多其他高质量的库，如Python图像库等。

第四，可连接各种类型的主流商业数据库。Python提供所有主要的商业数据库接口，可以连接各种类型的主流商业数据库。

第五，在科学计算方面优于Matlab。Matlab是一款商用软件，而Python完全免费；与Matlab相比，Python能让用户编写出更易读、易维护的代码；Matlab主要专注于工程和科学计算，而Python的拓展库十分丰富，对于各种高级任务也可以轻松完成，利用Python，开发者可以实现完整应用程序所需的功能。

### 2. 常见的Python开发工具

审计人员可以使用最基本的文本编辑器进行Python编程，也可以用功能丰富的Python集成开发环境工具进行Python编程，常见的Python开发工具包括：

第一，PyCharm。作为专业的全功能Python集成开发环境，它来自JetBrains公司。PyCharm有两个版本：免费的社区版本；面向企业开发者的专业版本。

第二，Spyder Python。作为一个开源、免费的Python集成开发环境，非常适合用来进行科学计算方面的Python开发，它可以运行于Windows、MacOS、Linux等操作系统上。

第三，Pydev。作为一个运行在eclipse上的开源插件，它是免费、功能强大、使用普遍的Python集成开发环境。它还提供很多强大的功能来支持高效的Python编程。

第四，PTVSPTVS是开源、免费的Python集成开发环境，它集成在visualstudio中，将visualstudio变成了一个功能强大、丰富的Python集成开发环境。

第五，Anaconda。作为一个用于科学计算的、开源的Python发行版本，包含Python和相关的配套工具，提供了包管理与环境管理的功能。

第六，Spyder。作为一个强大的交互式Python语言开发环境，提供高级的代码编辑、交互测试、调试等特性，支持Windows、Linux和MacOS系统。和其他的Python开发环境相比，Spyder最大的优点就是可以很方便地观察和修改数组的值。

第七，其他工具。除了以上工具外，Eric、Wing1DE等也是比较常见的Python开发工具。

### 3. Python的数据采集

Python开发工具进行数据审计时，需要把相关数据采集到Python开发工具中来。Python开发工具可以采集多种类型的数据，如文本文件CSV、Web抓取数据；数据库数据，如Oracle、MicrosoftAccess、MySQL等数据库中的数据；电子表格数据，如Microsoft Excel数据等，很好地满足了大数据审计的需要。

### （三）Tableau

Tableau常见的商业化数据可视化工具软件很多，如Tableau、Qlikview、SAS、SAP BusinessObjects水晶易表、IBM Cognos、Microsoft Excel等。

Tableau 是一款较为简单的数据可视化工具软件，它实现了数据运算与美观图表的完美结合。用户只需要将大量数据拖放到数字"画布"上，便能创建所需要的各种图表，如气泡图、柱状图、条形图、热力图、折线图、饼图、散点图等。Tableau 分为：① Desktop 版。Desktop 又分为个人版和专业版，个人版只能连接到本地数据源，专业版还可以连接到服务器上的数据库。② Server 版。Server 版主要是用来处理仪表盘，上传仪表盘数据进行共享，用户通过访问同一个 Server 就可以查看到其他同事处理的数据信息。审计人员可以采用 Tableau 连接各种类型的被审计数据，包括所有主流数据库，以及 Hadoop 等数据库。

# 第三节　大数据环境下的内部审计技术及其应用

## 一、问卷调查法

在内部审计收集资料过程中，最基本、最重要的手段是"看"与"问"，看即查看、观察，问即询问、问卷。问卷调查法是通过设计问题的调查方式，帮助内部审计人员熟悉被审计单位的基本情况、评估控制与风险的一种技术方法。问卷调查表包括开放式的调查问卷和内部控制调查问卷。开放式的调查问卷主要要求被调查者以叙述回答的方式提出问题，寻找信息，帮助内部审计人员了解组织信息。而内部控制调查问卷是从一个已知的或想要的答案中去寻找一个是或否的答案。它是一种符合性的测试，主要用来对控制进行持续的评估，包括风险评估等，往往以"是"或"否"的答案形式存在。

### （一）问卷调查法的作用

在处理时效性较强的审计事项时，审计人员需要事先根据审计项目的需要编制好固定问题的问卷，如此，在进行现场审计时，只需要完成审计问卷中的内容，大大提高了效率。而制定问卷内容时，应当涵盖被审计单位的实际情况，同时参考以往经验，使问卷能兼顾共性与特性。一般而言，制定与使用问卷要遵循以下步骤：

第一，设计调查问卷。问卷主要经过选题、初步探讨、提出设想等步骤，最后是设计问卷阶段。调查问卷的长短没有统一标准，它根据调查的目的、内容、性质及相关的人、财、物等方面的因素决定。一般而言，内容不宜太多，以 15 ～ 20 分钟完成为宜。问卷问题的排列非常重要，它不仅影响问卷的填写，还间接影响问卷的回收率。一般而言，安排问卷问题时应遵循以下原则：①先易后难原则。②同类集中原则。③先次后主原则。④先一般后特殊原则。⑤先封闭后开放原则。⑥先客观后主观原则。

第二，选择调查对象可以采用抽样方式，也可以全部实施调查。

第三，分发调查问卷可以采用邮寄、派人送发等多种分发方式。在内审实际工作中，多以送发方式进行。

第四，回收和审阅问卷也可以采用邮寄、派人回收等形式。

第五，对结果进行统计、分析与研究，总结问题形成工作底稿。

### （二）问卷调查法的特点与注意事项

问卷最大的优点是在提高效率的同时降低审计成本，同时，由于问卷的客观性与不可变性，人为因素对调查的干扰也大大降低。其缺点在于：不能了解具体、生动的情况；很难对调查的问题进行深入了解、查看；问题的真实性和质量得不到保证，回收率有时难以得到有效的保证。

设计调查问卷时需注意的事项主要包括：调查问题表格要尽可能简短；提出的问题要通俗、易懂、可答；调查问题的语言使用要准确；提出的问题要带有中立性，不偏不倚；调查的问题要考虑全面。

这里的全面指的是问卷内容应涵盖被审计单位中所有与审计事项相关的内容。大体而言，这些内容包括：①被审计单位是否依法办事，其经营内容是否违背现行法律。②被审计单位目前最重要的事情、存在的问题及解决方案。③内部控制系统是否适当和有效，关键性控制环节和措施有哪些。④被审计单位的资源使用是否经济与高效。⑤业务信息和会计信息是否真实、可靠等。当然，在实际工作中，并不要求对以上几点内容做到面面俱到，根据被审计单位的实际情况选择特定的内容是更具可行性的选择。

问卷的使用是为了提高效率，同时在一定程度上提高审计工作的客观性。但要注意的是，审计人员不能刻板地使用已有模板设计问卷，而是要根据被审计单位的实际情况，有的放矢地设计问卷内容，否则就难以完成预期的审计目标。另外，在实施调查问卷的过程中还要保持谨慎的态度，不断地完善内审调查审计工作。

### （三）大数据环境下的问卷调查法

在大数据环境下，问卷可通过网页或相关软件进行在线调查。网络问卷调查，就是用户依靠一些在线调查问卷网站，这些网站提供设计问卷，发放问卷，使用者通过链接将问卷发送给调查对象，且网络问卷多可根据调查对象所选全部数据进行归纳，使用者可简单直观地看到数据显示或百分比。网络问卷可在手机、电脑上使用，一般耗费调查对象 5 ～ 10 分钟的时间。

## 二、流程分析法

流程分析法是内部审计快速查找业务风险事项最好的分析方法之一。流程图是某种作业过程所涉及步骤与程序的逻辑关系的图形表现方式。有时也叫输入图，它能直观地描述一个工作过程的具体步骤。正式的流程图应该是标准化的，它提供了对系统真实的了解和分析复杂经营的一种工具，能帮助企业管理者做出因为详细叙述方式并不能总是取得成功的分析，内审人员更加喜欢这种图解式的分析方式。流程图的主要作用是明确运营步骤及职责人员，有助于内审人员分析确定工作中无效环节、缺少环节或存在的控制弱点。

### （一）流程图的分类

流程图是由一些图框和流程线组成的图形。其中图框表示各种操作的类型，图框中的文字和符号表示操作的内容，而流程线则表示操作的先后次序。流程图分为系统流程图、程序流程图、数据流程图、程序网络图、系统资源图。根据其表现形式分为：①水平流程图。水平流程图（也叫系统流程图）将系统中所涉及的部门和职能以水平的方式表述在页面上。②垂直流程图。垂直流程图是以从上到下的形式反映某程序的连续步骤，但不能清晰地反映系统所涉及的各个部门及职能。

工作流程分析方法是内部审计工作中最重要、最基本的分析方法，是对企业流程进行优化和流程管理的基础与前提，是对企业运行方式的全景式扫描和慢镜头式的检阅。经过整个流程后的产品或服务应起到增值作用。有些可能是增加价值，如加工产品；有些可能是增加服务，如审批等。

### （二）流程分析的作用与步骤

第一，流程分析的作用。具体作用包括：分析一个复杂的系统，确定工作流程的有效性与合理性；步骤环节分析，确定存在的风险；优化流程分析，确定高效运转；确保控制有效，产品服务增值；对各个风险控制点进行归集，确定风险重点。

第二，流程分析的步骤。具体步骤包括：根据工作需要，选择确定相应的工作流程图；按照流程图的步骤，进行对应的分析；标出各个步骤存在的问题及风险；根据存在的风险，确认关键风险控制点；对各个风险控制点进行归集，确定风险重点。

### （三）流程分析运用举例

从整个企业组织而言，企业组织机构是流程管理的起点，而岗位是流程运行的连接点。对于整个集团公司流程而言，从公司战略与愿景开始，根据企业总目标，到企业组织机构设置，到流程结构、流程活动的分析。而内部审计常用的就是对流程活动的分析，其目的在于寻找流程存在的问题、关键控制点、主要风险点，以便于展开内部审计工作，更好地为集团服务。

在整个业务过程中，如何确定供应商，如何确定价格这两个步骤是整个过程的重中之重，也就是最关键的控制点。这两个步骤，主要是给所有供应商一个公开、公平、公正的内外部竞争环境，防止采购员偏爱某些供应商，给予超过比例的采购额度，防止采购过程出现管理漏洞；同时，也为公司选择物美价廉的供应商，从而降低采购价格，降低公司的生产经营成本，以达到增加公司利润的目标。另外，通过流程分析，审计师可以查找出问题在哪里，操作人员涉及哪个部门，管理漏洞在哪个层次，可以快速发现问题发生环节、地点、人员，能迅速查找到原因；根据流程分析，审计师可以据此提出更改、优化或流程再造的管理建议，以加快业务过程，提高企业运营效率。

### （四）大数据环境下的流程分析法

大数据环境下流程分析法的流程图可以不需要员工单独制作。初步需要大量且全面的数据采集，包括已有数据的录入和正在产生的数据采集；采集后的数据需要进行清理与验证，来保证审计的质量；建立数据仓库将数据集中管理。当审计员需要资料时，可以在数据仓库搜索相关数据，自动生成流程图，提高了工作效率。

### 三、风险评估法

风险评估是风险管理的基础，是制订审计计划、审计方案的重要依据。评估出问题，才能确定要审哪里，进而才有可能对问题进行防范与控制。这里所做的全面风险分析，目的是确定组织机构风险的重要性与严重程度。进行风险排序后确定风险最高的组织或部门，以便安排内部审计人员进行确认、鉴证风险，并管理风险，对企业管理层提出可执行的风险管理建议，通过排除、化解、转移、预防等措施，确保组织机构在相对安全的环境中运营。

#### （一）风险评估法的方法

**1. 定性分析**

作为目前在风险评估工作中最受欢迎的评估方法之一，简便是定性分析最大的优势。但是也不可避免地带有主观因素，因为定性分析所依赖的重要评估标准是评估者的经验和判断。当然，当内审部门对企业内部足够熟悉，或在风险评估上有足够深的造诣，那么这种操作简单的方法不失为一种降低成本、提高效率的好办法。然而，不依赖指标的评估还是容易受个人偏好影响而产生结果上的偏差。相较而言，定量分析更注重从数据出发得出结论，因此比定性分析更客观。除此之外，相比于定性分析，定量分析的直观特点更不易产生理解上的偏差。但是定量分析也有缺点，首先，定量分析需要大量数据为基础，同时进行大量计算，这就提高了成本；其次，定量分析虽然精确，但分析项目的片面可能会导致结果的片面。

**2. 评分法**

这种方法依赖专家打分。不同部门的专家对其各自擅长领域的风险系数进行评估，并给出分数，不同部门得分相加得到总的风险数值。分值越高，风险越大，分值越低，风险越小。评分法的具体操作步骤包括：①根据风险识别的结果，确定每个风险因素的权重，确认每个项目的影响程度。②确定每个风险的等级值，等级值按很大、较大、中等、不大、较小分为五等。③将每项风险因素的权重乘每个风险的等级值，求出各分值总分。④将各项等级分值总数相加，高分者风险高。

**3. 打分法**

对要评估对象的各个因素以统一标准进行打分，分数越高，风险越大，反之风险越小。

**4. 定量分析**

除了上文所提及的定量分析的优缺点，还有一些操作上的步骤需要遵循：首先，明确所有风险因子；其次，对这些风险因子赋值；最后，以一定模型计算总数值，并以此为依据判断风险程度。在这一过程中需要注意两个因素：风险发生的概率以及风险可能造成的危害程度。

**5. 风险清单**

风险清单能提供一个框架，用来识别成为公司最大威胁的风险，使这些风险在计划中得以考虑。内部审计人员在实际工作中，应结合公司的具体情况，划分各类风险区域，从企业外部环境到内部管理，从内部的组织机构、部门设置到管理制度、流程、职责等方面进行考虑，针对不同的风险因素，制定适用于本组织的风险评估问题清单。

首先，按照合理步骤制定清单：①判断能够承受的最高风险程度；②合并同类风险；③制作标准清单；④精简清单。

其次，明确内部和外部风险。对内外部风险以差异化的方式进行评价。

### （二）大数据环境下的风险评估法

大数据时代的到来，让审计人员从检查交易样本改为去分析所有交易对象，覆盖面广了之后，会检测到所有数据，这对风险评估而言，会更加准确地评估风险所在的领域，即使在几年之后，如果对往年的结论有异议，也可以去数据库找到之前的数据信息，进行核查比对。

风险评估过程中，审计人员在了解被审计单位环境时，大数据提供了企业所处行业的状况，这些数据信息加以汇总整理，审计人员就可以直接去分析外部环境与被审计单位之间的联系，通过不同主体间的相关性分析得出结论，大数据就提供了一种外部证据，这些证据的可信度、准确度也会有一个很大的提升，因此审计的效果也是显而易见的。

大数据存储在数据库中，当审计人员想要获得相关数据信息时，便可以直接获取权限，在数据库中查找到想要的数据，大数据下的审计，可以让审计人员随时随地在数据库中分析数据，得出结论。所以，没有时间和地点的限制，既增加了审计工作的灵活性，也提高了效率，同时节省了人力财力。

大数据技术的战略意义，其实在于对这些含有意义的数据进行专业化处理。在风险评估中，需要一种特别的方式来展示、解释、分析和应用数据，并且达到有效传播的目的，这就是数据可视化技术。在了解被审计单位时，大数据技术为企业提供了更加直观准确的信息，这就是大数据帮助企业进行风险评估的一个大的方面。

## 四、审计抽样方法

审计抽样指的是从现有的样本中抽取一定数量的样本作为代表样本进行检测考察，通过对抽取样本的分析调查，来判断总体样本的特征和特点的方法。审计抽样方法是在审计过程中最为常见的一种方法。而抽取样本的数量和样本的准确度都会影响审计结果。

第一，抽样总体。抽样总体指的是为了达到审计的目的，准备的一些具有相同性质和类似特征的样本总和。

第二，抽样单位构成。抽样总体之中的某个项目元素被称为抽样单位。

第三，样本。样本指的就是在抽样总体中，抽出几个案例用以应对审计抽查。样本中所对应的数量就可以被称为样本量。在确定样本量时，审计师应当考虑抽样风险，预计可以接受的差错量，预期差错的范围。

第四，可靠程度。顾名思义，可以理解为样本的准确程度。是指根据抽样样本所对应的总体特征，所代表的整体的准确度。

第五，可容忍差错率。可容忍差错率是指审计师愿意接受且能够实现审计目标的总体最大差错率。可容忍差错率需要审计师的主观判断预计差错率是在检查中预先估计会出现的差错率。实际差错率是检查后确认出现的差错率。根据公司、项目的情况不同可能有不同的可容忍差错率。

## （一）审计抽样类型

审计人员针对实际情况从审计样本中抽取一些具有代表性的样本进行审计，就叫审计抽样，用样本审查结果推断总体特征并做出相应结论的过程。抽样分为统计抽样与非统计抽样，统计抽样是用客观方法确定样本量的大小，而非统计抽样是根据内审人员以前的经验主观判断样本量的大小。在实际工作中，内部审计人员常用概率抽样或随机抽样，主要考虑是可量化抽样和审计风险。

统计抽样又称为概率抽样，是以概率论和数理统计方法为基础，按照随机原则从总体中抽取一定的样本量进行审查，从而对总体特征进行推断的审计抽样方法。统计抽样可以从最小的样本量中产生希望得到的结果。统计抽样提供了量化的数据和对抽样风险、置信水平、精确度的量化。统计抽样非常适用于计算机审计。统计抽样提供了可靠的测试结果和客观的业务建议。它最典型的抽样模式是属性抽样和变量抽样，以下是对两种抽样方式的简单总结。

### 1. 属性抽样

属性抽样是出于对总体特征和内部控制的遵循而实施的统计抽样方法。它主要用于符合性测试，主要能确定是或否、对与错，适合于确定内部控制的有效性，但不能确定准确率，只能确定有"多少个"。其又包括以下种类：

第一，发现抽样。内部审计人员在进行审计工作时，怀疑甚至发现已经有不当行为发生时，就需要对样本进行审核。然而样本数量通常很多，所以发现抽样法在此时就得以运用。

第二，连续抽样。是不预测抽样总量，通过不断地抽样，直到样本数量足够得出审计结论。这种抽样方法的最大优点是效率高，是比较经济的一种审计方法。

第三，固定样本量。与连续抽样不同，固定样本量意味着要事先确定样本总数，这就要求审计人员事先制定相应表格、确定样本数量，并以这些固定数量的样本推断被审计对象的总体情况。

第四，分层抽样。顾名思义，就是事先根据样本的实际情况和审计需要对样本进行分层，每一层都是一个小的总体，通过对小的总体的审计，以推断总体。

第五，分块抽样。分块抽样是先把总体分为若干个子群（块），然后一群一群地抽取作为样本单位。它通常比简单随机抽样和分层随机抽样更实用。具体做法是：先对各子群体编码，随机抽取分群数码，然后对所抽样本群或组实施调查。也就是说，分块抽样是将每一块看作一个单位，每个单位一旦被抽中，则这个单位内的所有样本都要被审计。这些群或组可以是一个家庭、一个班级，也可以是一个街道、一个村庄等。

### 2. 变量抽样

变量抽样主要是对被审计单位总体进行定量估计，并对总体的数量特征加以描述，常用于与货币金额有关业务的实质性测试。也就是说，主要对金额或数量进行抽样，适用于应收账款、存货及固定资产的测试，确定其有"多少数额"，这也是它与属性抽样的主要区别。其又包括以下几种：

第一，平均数抽样。当被审计单位的审计对象呈正态分布时，可以采用抽取平均数的方法来推算总体。

第二，货币（金额）单位抽样（简称PPS）。该方法在货币金额大时最有效。常用于应收账款、投资、贷款、固定资产增加的审计，缺点是样本量大。在实际操作中，这种抽样方法以货币单位为基础，以所在的物理单元作为审计抽样的样本。这种操作是基于随机抽样理论，在金额总数较大时，该单位就有更大的被抽中的可能。

第三，差额估计法。差额估计法是一种利用审定值和账面值之间的差异额度，和总体个体数量之间的数量关系，来推算整体样本的总体价值的方法。当存在大量差异时，通常采取此类方法。

第四，比率估计法。比率估计法的第一步是利用样本总审定值和账面值之间的比例关系，以及总体账面值之间的数量关系，来推算总体价值。如果其中的数量关系有所改变，则可以采用此方法；如果是相反情况，则宜选用差额估计法。当被审计对象的数值与账面总数值成比例时，比率法才行之有效。这一方法与平均数抽样法的区别就在于审计员对估算总体标准差的界定以及从样本出发推算总体的算法不同。

### （二）审计抽样执行步骤与抽样方法选择

审计抽样执行的步骤主要包括：制订审计抽样的计划方案；确定被审计对象，对总体样本进行整理归类；对样本特性、抽样方式等进行设计；确定审计抽样的具体方法；按计划选取所需的样本，对样本进行审查；评价抽取样本的结果，拟定审计工作底稿。

审计抽样要遵循以下准绳：①样本必须具备代表性。②从审计目标角度进行抽样，否则无法有的放矢。③总体中的每个抽样单位都拥有相等的被选中的机会，否则审计结论不准确。既然样本如此重要，那么，选择样本的方法就显得更加重要了。根据现有资料，可以发现有三种选择抽样的方法。

审计抽样的方法包括：

第一，随机抽样。随机抽样通常被认为是可以产生一个具有代表性的样本最可靠的方法。在随机抽样中，总体的每个抽样单位都有一个对应码，这些对应码组成一个随机数表，然后通过计算机程序进行随机选号，再将号码对应的抽样单位组成样本。这样就可保证每个抽样单位被选中的概率都是已知的且不等于零。随机抽样最重要的是为每个抽样单位分配对应码。

第二，分层抽样。当总体中的抽样单位存在很大差异的时候，应采用分层抽样，就是将总体分成经过明确定义的具有相似特性的子体，从而使每一个抽样单位只属于某一层，然后再分别对每一层进行随机抽样或间隔抽样。分层抽样实质上就是把抽样总体细分，使样本能更好地反映总体的特性，降低抽样风险。至于如何分层则需要审计师的判断。

第三，间隔抽样。间隔抽样又称系统抽样，是指间隔地抽取样本。

### （三）大数据环境下的审计抽样方法

在审计过程中，审计人员需要根据自己的洞察能力来分析相应的异常情况，并发现海量数据中的孤立点，而后和相关人员进行深度沟通，以全面了解审计需求。在明确审计需求时，涉及数据理解及业务理解的内容，数据理解包括对业务流程及审计部门的理解，对原始数据的分析和收集，对数据的初步探索和检测。业务理解包括数据挖掘目标，项目计划，评估审计目标资料等，根据相关需求来进行假设。

随着大数据时代的来临，许多被审计单位的数据越来越呈现出海量化的趋势，不少单位已建立起 TB 甚至 PB 级的数据库。审计抽样作为计算机审计的一个至关重要的模块，根据大数据的特点，从数据量、数据结构、数据处理方式三个方面分析大数据环境下进行审计数据分析所需的技术要求，从分析学和使用者的角度阐述了大数据环境下进行审计的数据分析方法和分析结果的显示需求。

面对当今企业数量庞大、种类繁多的数据，要通过审计抽样方法实现审计目标，最优的方案莫过于利用数据挖掘技术。基于概率和数理统计理论的审计抽样在计算机软件的辅助下，就可以在保证科学性的前提下，有效地提高审计效率，降低审计成本。然而，现有的研究虽然也有这方面的考量，却忽视了领域知识和审计样本与审计目标间的关联规则对审计抽样结果的影响。

## 五、分析性复核方法

分析性复核方法是内部审计人员对财务和非财务信息资料中的一些关系或比率进行分析和比较，从而达到明晰重点、获得审计证据的目的。这一方法能够帮助相关人员快速高效地获得证据，为审计人员判断下一步审计活动提供决策基础。分析性复核方法适用于审计准备阶段、审计实施阶段、审计报告阶段。

### （一）分析性复核的作用

分析性复核方法是比较常用的一种方法，通常来讲它的作用包括：确定各种数据之间的关系；发现并确定存在意外差异；分析确认是否存在异常变化；发现潜在的不合规不合法的情况；对企业经营能力进行评估；结束审计，减少详细的审计测试。

### （二）分析性复核的内容

第一，将当前信息与前期相类似的信息进行比较，确定其波动情况及发展趋势。如今年的销售收入比上年同期增加了 20%。

第二，将当前信息与预测、计划与预算信息进行比较，并比较分析存在的差异。如预算的实际使用情况与计划信息进行比较，超过计划 15%。

第三，比较财务和与之相对应的非财务信息。例如，对比公交车公司汽车汽油消费量和汽车总量的变化。

第四，将被审单位的信息与其他同行业的信息进行比较，并做出相关的差异分析。

第五，分析比较组成因素的联系。以分析其组成因素之间是否存在一定的关系。

第六，将本部门信息与机构其他类似部门的同类信息进行比较，如将来源于经营部门的数据与财务数据进行比较。

第七，对重要信息内部组成关系或比率进行计算与分析。如利用复式记账原理，对账户内部关系进行比较。在对比的过程中，只要具有可比性就有可比的可能。

### （三）分析性复核的主要方法

在进行分析性技术时，内部审计人员可以根据被审计部门的情况、特征，利用自身的专业判断采取不同的分析技术方法。通常而言，常用的分析性技术方法包括：

第一，简单比较分析法。简单比较分析法是指被审计单位相关的财务数据、指标或比率与既定的标准进行比较，获得审计证据的一种技术方法。

第二，趋势分析法。通过对一个或几个审计对象进行一段时期内变动趋势研究，分析未来的走向及变动幅度。

第三，结构分析法。结构分析法是指通过被审计单位某一财务项目换算为占总体百分比，并将其与以前年度的相关数据进行比较，以获取审计证据的一种技术方法。

第四，比率分析法。通过分析比较财务数据及与之相关的数据的比值，并将这个比值与标准比值进行比较。其主要目的是揭露财务或经营成果的变化及原因，协助预测未来的发展趋势。

第五，回归分析法。根据变量之间的关系，用于确定和衡量一个变量与另一个或多个变量之间可预见的一种数学方法。它对于产品销售、成本、利润等方面进行预测或检验，以分析公司计划、定额或预算是否正确。

### （四）分析性复核实施步骤

分析性复核在审计准备阶段、实施阶段和报告阶段均可运用，各个使用阶段实施的步骤有相同，也有差异。准备与实施阶段的步骤基本相同。在审计报告阶段，其重点差别步骤是要确定是否进行分析性复核。下面以审计准备阶段为主分析其必须执行的操作步骤：①选择并确定需要执行的计算与比较项目；②查找或估计相对应的标准或期望值；③查找、获取可比较的会计信息或其他资料；④分析相关资料数据、确认重大差异；⑤查找重大差异原因；⑥确认相关的风险及对组织的影响。

需要注意的是，以上方法并不是孤立的存在。在操作中，审计人员往往要根据实际审计需要灵活运用以上几种办法，而当审计人员采用分析性步骤获得一些意外发现时，要积极地对这些发现进行审计评估。此外，在进行审计程序时，还要对相关人员进行调查，并使用不同的审计方式，从而关于这些新发现得到合理解释。如果做不到这一点，那就意味着意外发现可能蕴含着审计风险。这时，审计人员需要将这些发现呈报给相关负责人，并建议及时采取应对措施。

### （五）大数据环境下的分析性复核方法

在大数据环境下，企业将全部的财务和非财务信息资料录入数据库中，审计人员无须翻看纸质资料，只需在数据库中进行搜索，而且不需要进行人工分析，大数据可将所用信息进行归纳总结，将对比情况直接呈现在人们面前。

## 六、大数据环境下的信息系统内部审计

### （一）信息系统的审计内容

会计信息处理的计算机化是计算机审计产生的直接原因。在计算机信息系统环境下，会计在信息处理方面的准确性和速度都会得到提升。但这也为手工环境下的内部控制和会计信息处理带来了变化，是审计工作面临的新挑战。因而，在计算机信息系统环境下，确定审计目标，制定和实施审计程序时，应当考虑这些变化对审计产生的极大影响。计算机硬件和软件的发展，提高了计算机的工作效率，降低了计算机系统的成本，使越来越多的单位成功地完成了其基本管理活动以及基本会计职能的自动化过程。

由于使用计算机处理会计和财务数据，审计人员需要先了解数据和控制的概念和术语，在审计过程中，既要和财务人员、会计专家等懂得审计术语的人员交流，还要和电子数据处理人员、计算机专家等使用信息行业术语的人员交流。因此，想要准确地检查和评价计算机处理工作，使用计算机开展审计工作，就必须要了解电子数据处理的概念。

在信息化社会的大背景下以及审计和控制的要求下，每个行业与各种类系统都离不开内部审计工作。巨大的审计需求为审计工作带来了前所未有的压力。计算机处理对于组织结构和职责，尤其是对数据处理职能的影响，改变了审计人员的环境。数据处理系统将众多的处理步骤都汇集在一个部门内即数据处理中心，减少了在手工系统记录过程中必须通过职责分配才能实现的内部控制。

#### 1. 信息系统的审计线索方面

计算机技术的发展和科技的不断发展，不仅给人们的生活带来了巨大的变化，还给审计工作的进行带来了很大的变化。审计线索的获取从原先的人工，到现在可以借助大量的计算机数据。审计线索的内容主要包括凭证、账簿、报表等。这些证据能够确保审计人员查询数据更完整、更方便。每一步审计工作的进行，都在监控之下。但在计算机系统下，手工系统中的审计线索都消失了，计算机系统将按照一定的程序来处理账务，这是计算机应用给审计线索带来的新变化。这些变化包括：原始凭证成为一种信号被转换到机器可读的介质上；在如联机系统等系统中，原始凭证可能不复存在；通过主文件无法看出明细数据，但载有明细数据的文件成为过程文件已经不存在了；数据处理过程可能无法提供日常记录，如果需要的话则必须使用专门程序；系统一般只打印汇总结果，不一定能够打出全部原始记录；数据保存在光电介质上容易损坏，必须通过计算机应用程序才能阅读；无法直接观察到计算机程序和数据的处理过程。

总之，计算机信息系统对审计线索的影响，使得对数据输入、处理和输出的控制以

及计算机的操作过程成为审计的重要内容。因此，计算机信息系统环境下对审计的时间安排、测试的性质和重点及测试的范围均有较大的影响。为了审计工作能够正常进行，首先就要确保这一系统是可以进行审计的，这就是普遍认为的可审性。计算机开发的初期，就要充分考虑审计工作的基本要求。开发的目的，就是为了帮助审计工作能够更好地进行。

### 2. 信息系统的审计规范方面

在信息系统环境下，审计过程和审计线索都随着环境的改变而发生变化，以往手工环境下的审计原则和标准在某些部分不再使用。电子数据的处理环境对于审计的总体目标影响效果是十分小的。但是由于计算机技术的引入，对财务和信息的处理存储等方面都带来了巨大的改变，这就导致了被审计单位，以及其他审计工作、审计环境、审计性质和时间内容等，都会因为环境的改变而发生改变，进而会受到一定的影响。所以，在审计人员研究和进行评价时，其中的结果都会受到影响。但我国对内部审计的规范尤其是对电子计算机环境下的内部审计行为缺少约束，也没有明确的目标。所以，我国正在积极地逐步制定与国际准则相接轨的电子数据处理环境下的审计准则。

### 3. 信息系统的审计技术与方法

计算机处理和手工操作过程相结合，就构成了计算机系统数据处理的全过程，因此，审计方法也应该是手工审计方法和电算化审计方法的结合。在计算机信息系统环境下，人工审查方法依然奏效，但由于计算机辅助审计技术比人工效率高得多，因此成为某些情况下必不可少的审计技术。审计人员要牢牢把握电子数据处理系统的特点，并对其有效性、可靠性，以及信息的正确性与合法性进行恰当的审查与评价。一般有以下三种方式。

（1）抛开计算机审计

这种方式，是将计算机信息中的信息看作是一个数据库，计算机也仅是作为一个存储工具而存在。如果要对会计凭证等打印结果进行着重检查，就可以采取这种审计方式。可以运用审计人员较熟悉的方法，即使没有计算机知识的审计人员，也能完成审计任务。因而，在 EDP 系统审计初期，大多数审计人员都乐于采用。即使现在，在某些情况下，仍然可以采用这一方法。

（2）穿过计算机审计

这是对计算机会计系统的内部过程进行检查与评价的审计方式。审计要深入计算机内部，并利用计算机对其内部的具体处理过程进行直接审查。主要包括计算机程序审计和数据文件审计。这种方式是在计算机会计系统大量出现、系统的结构趋于复杂、系统的规模趋于庞大及计算机软硬件技术在审计人员中已普及的条件下展开的，其优点是审计人员在了解计算机数据处理过程的基础上，可对系统有无错误作出客观评价，并指出其错在何处，进而提出劝告和建议。

（3）使用计算机审计

利用计算机来帮助审计工作更好地开展。利用计算机自身具备的一些功能，例如直接阅读，选择和复核等，可以读取审计信息中的一些数据状态。如利用通用审计软件可对众多不同客户所使用的计算机数据处理系统进行审计。其最大优点在于审计人员能够独自处理被审计单位的"活动"。

**4. 信息技术的控制**

（1）信息技术一般控制

信息技术的一般控制是关于网络、系统、数据库、应用系统以及相关人员的政策及措施，目的在于保证系统运行的持续性与稳定性，及应用控制的有效性。对信息技术一般控制开展审计工作，应从以下活动入手：

第一，信息安全管理。内审人员要对信息安全管理政策、物理访问、身份认证、逻辑访问管理机制以及职责分离控制等方面予以关注。

第二，系统变更管理。内部审计人员要对组织的应用系统、系统基础架构变更、参数变更的授权与审批、变更测试、变更移植到生产环境的流程等方面予以关注。

第三，系统开发采购管理。内部审计人员要关注应用系统及相关系统架构开发和采购的授权审批，同时，还要关注开发、测试、生产环境严格分离的情况，以及系统的测试、审核、移植到生产环境等环节。

第四，系统运行管理。内部审计人员应该对信息技术资产管理、系统物理环境控制、系统容量管理、数据备份及恢复管理、系统问题管理和日常运行管理等管理内容进行关注。

（2）业务流程应用控制

业务流程应用控制是在业务流程层面上，为了保证系统能够将业务数据的生成、记录、处理和报告等功能准确及时地完成而设计执行的信息技术控制。

对业务流程层面应用控制开展审计工作，应主要考虑与数据输入、处理及输出相关的控制活动，主要包括：系统配置控制、授权与批准、异常与差错报告、转换控制、职责分离、一致性核对、系统计算及访问权限等。

**（二）信息系统的审计方法**

内部审计人员在针对信息系统展开审计工作时，为准确评估系统内部控制的合理性与有效性，可以通过以下一种或多种审计方法来获取充分可靠的证据：详细询问有关控制人员；观察特定控制的运用情况；审阅相关文件、报告及计算机文档等；登录系统进行查询；充分利用计算机辅助审计技术；验证系统控制和计算的逻辑性；进行穿行测试，掌握信息系统的特性，追踪交易在其中的处理全过程；对其他专业机构的审计结果或组织内部的自我评估结果等进行充分利用。

1. 组织与管理控制

（1）职责分离

应设计计算机操作的职责分离：①业务授权；②业务记录；③资产保管。通过要求由除会计和计算机部门以外的人员批准业务，并由第三者通过计算机执行对资产的物理控制。在考虑对资产的控制时，直接和间接接触的都必须考虑，比如存货的运输单能对存货资产提供有益的控制。在集中式处理的计算机部门，某些类型的职责需要分离。例如，考虑有保管、记录和批准等职责，将操作员、程序员和系统设计员的活动进行分离是明智的。应使用资料库来限制操作员接触程序和数据文件。在一个数据库系统中，数据库管理员的职责包括控制各种文件的访问、程序修改、为每个人提供详细的源码等，这些职责都要注重"视乎需要"的条件。

如果使用一个自动的数据文件，有效的输出应经相应的管理人员复查。下列措施可全面增强职责的有效分离：定期更换操作员；要求至少连续 5 天的休假；在程序运行时，只有操作员才有权利进入机房，输入和输出要由与电子数据处理分离的用户控制，并由与电子数据处理不相关的人员负责。

（2）受控存取

密码能够在一定程度上控制输入设备的接触，部分地控制输入活动。因此，所有密码必须定期更换，此外，还要对员工加强保密重要性的教育，对某些文件或某些权限，应该对使用密码权限加以控制。

（3）数据输入

通过使用标准格式的数据输入并对用户丢失数据予以提示，将会加强数据输入的完整性和准确性。数字和字符与预期数据类型比较及数值与实际的范围比较（即极限检验）等对数据的在线编辑可提高数据输入的质量。在软件中建立的要求用户给予确认的回复，可促使用户对数据的输入进行检验。

（4）数据处理设备的控制

在控制数据的处理中，需要保持对设备和数据库的控制。重要的审计线索应由操作员记录操作日志，以便追踪对哪些工作进行了处理，并产生一个记录输入和每一项工作处理完成的磁性文件。操作员的主管可以复查这些系统活动的记录，以作为计算机使用的关键控制。

为了保持数据的完整性，应生成批总数及业务日志文件，以便能与输出总数相比较。应生成每次处理的开始和结束余额的主文件控制记录，并定期与总数核对，以便发现错误。有效的检验和检测数字是保证正确处理的有效手段。有效地检验检查编码是否"有效主文件所设置的编码"，以确保借记或贷记的账户真实存在，并且此账户可由特定类型的业务影响其余额。检测数字利用公式对某些类型数码进行检验，以确保它们的数字有效或者传送是完整的。

（5）文件处理控制

为了确保处理的是恰当的文件，所有的应用使用都应该检查内部标签。最低程序应该使用例如用不同颜色磁盘套表示的外部标签。典型内部标签包括程序文件的名称、记录和字节数，更新日期和保留时期。使内部标签无效的操作应该经过监督批准，所有这样的操作均需要有日志记录。

（6）输出控制

需要保持对计算机产生报告的分发进行控制。应该建立每个报告副本数量的限制，并且应保持一个报告分发表。产生报告的频率应该考虑成本与效益原则。输出日志可记录所有输出报告和书面文件的实际分发。

2. 硬件与软件控制

（1）硬件方面

第一，计算机使用的物理控制。空间、空调、电源线及后备电源装置、抗静电地毯、机房管理、位置是否合理、防火探测器及维护工作，设备应远离主要交通要道，并应确保实物的安全。

第二，计算机硬件的选购与使用。硬件的选择应考虑到实际需要及自身的适应性。还应注意处理过程中的瓶颈，CPU必须有足够的工作存储空间来处理操作。在一台计算机内部不止一套处理程序的多处理系统，多个程序同时运作是很常见的，此能力增强了计算机操作的效率。审计人员也应评价所用的介质是否与高效处理相兼容。例如，那些需要定期更新其少部分数据的文件，可能最好直接存储在磁盘上；假如对几乎所有的记录都需要作常规更新，因而不需直接存取的话，那么使用较便宜的磁带存储介质就会更为合适。

第三，审计人员可以根据以往的经验和行业数据对硬件的可靠性进行评价。应该保持所有设备发生故障的记录以及发生该故障的时间、日期和主要原因的文件资料。计算机的维护服务主要决定于硬件。应该注意培训员工操作计算机设备时保持谨慎，以确保没有发生无意的损坏。应该对所有的计算机系统进行定期的维护保养。通过追踪关于以下情况的统计数据，审计人员可评价硬件配置的有效性及其维护情况：设备使用、计算机人员的时间、计算机运作的成本、系统故障、软件可靠性、程序处理能力等。为了便于重新启动系统的需要，应设立检查点，在处理过程中记录计算机寄存器和内存的内容和状态。如果发生故障，检查点能够减少计算机重新启动的工作量。

第四，鉴于硬件控制的缺点，建议调整现有的或未来的硬件的取得政策。硬件应根据自动错误探测功能和供应商提供的关于操作员对硬件错误与系统中断应如何反应的文档资料来装配。硬件控制的一个实例是回波检验，它主要是发送信息并通过"回波"招收到的信息返回原来的发送器，以验证它们的准确性。这是一个确保通信设备和线路在恰当运行的方法。

第五，硬件评价的最后一个考虑是安全性。门锁、警铃、警卫和身份证明等措施可限制接近硬件设备。系统应保留操作日志记录，以监视和控制对计算机的访问。由于设备的敏感性和可能损坏的程度，必须尽可能使其避免因为过热和自然灾难而损坏。

一个重要的控制政策是不允许已被解雇的计算机人员接触设备或文件。同样，服务人员和参观人员无论什么时间来到计算机设备附近，都应该有人陪同。对设备或软件的有意（或无意）损坏，代价都是极高的。

（2）软件开发设计的审计

软件开发的优劣是计算机会计信息系统的关键，因此内部审计人员尤为重视系统开发的审计。这里提到的审计，是审计人员对于计算机开发系统过程中由研究人员开展的产生的一些系统文件的审计和调查。在系统开发阶段的审计属于事前审计。

对计算机会计系统的开发进行审计，可以充分考察会计系统的可靠性，效率程度。系统内部在设计过程中就充分考虑到了审计过程，提高可审性，系统内部的有序性，可以充分提高审计的效率和可靠程度。系统开发之后进行的审计属于事后审计，是用以评价一个系统的重要手段。

对系统开发过程的审计的主要目的在于保证系统符合开发标准，符合国家政策，符合法律规范等。可以保证一些重要系统获得了相关产业行业的授权，系统地进行是符合法律规范的。保证参与系统的各个成员都在系统的监督和保护之下。对于系统之后的发展和维护都有着重大的作用。在后期开展审计工作，也能够更加快速地获得审计线索，对于系统维护也更加便捷。

（3）决定审计的性质和范围

①系统分析阶段审计

系统分析阶段包括成立开发小组、对现行系统进行调查和分析、进行可行性分析。具体审计方法如下：

第一，通过询问相关部门主管来确定各部门是否派人员参加系统开发工作；详细分析各部门参与人员是否有足够工作时间；与各部门参与系统开发的人员交谈，确认其是否熟悉自身的工作范围、工作内容和工作责任。

第二，复核分析人员是否获取了系统的全部资料；检查分析人员与用户之间是否进行了充分的交流；通过用户查询系统分析新系统目标是否能够满足客观需要。

第三，查询系统是否按成本效益原则分析，确定相关主管是否同意与本身职责相关的成本效益计算；在新系统有关经济、组织、技术上的可行性问题方面，与系统分析员共同深入研究。在系统分析阶段，由于新系统尚未设计，审计人员的建议易被接受，审计建议对其他各阶段均有影响。

当遇有下列情况时，审计人员应向管理部门建议改进或停止系统开发：未建立明确的系统目标或系统目标不可行；没有配备足够的资源。

②系统设计阶段审计

系统设计阶段包括总体设计与详细设计。

第一，总体设计。这一阶段的设计需要从整体出发，从系统的整体结构和设计方法入手。对系统进行大致的模块划分，模块划分时一定要秉着"高聚合，低耦合"的原则。系统文档要逻辑清晰，简洁明了，采取大纲的呈现形式。在结构设计时需要考虑，结构是否符合用户需求，是否方便审计人员进行考察，是否符合会计人员的工作习惯。

第二，详细设计。详细设计就是将总体设计进行细化到具体的环节。

③实施阶段审计

这一阶段的审计主要在于具体操作方面。对于系统的实际测试和运行等方面进行考察。这一阶段的具体方法如下：

第一，关于在程序中是否设计了必要的内部控制这个问题，要向程序设计员询问；审查程序文档的编制规范性与完整；从程序流程图及源程序中选择部分内容，进行正确性检查。

第二，复核测试数据，确保其包括应有的处理及控制功能的各种类型业务数据；独立测试，审计人员可自行设计一组数据展开测试；审计人员应通过测试结果，就系统开发初期的适当性和系统投入使用后的运行情况向管理层提出意见。

第三，复核系统试运行结果，前提是试运行期限不得低于 3 个月，从而确定系统有无问题、目标是否达到等。仔细询问管理员，确定是否有未授权人员在这一期间接触过系统；检查试运行记录，仔细分析系统与原设计是否有差异，若有差异，差异是否合理，系统能否通过试运行而正式投入使用。

第四，检查在系统运行的过程中是否规定了要由不同的人员执行输入、处理等工作；以业务处理流程为依据，看其业务处理能否顺查及逆查，也就是由原始输入凭证至报表，或由报表至原始输入凭证；操作手册和管理制度是否包括了全部控制事项，并进行复核。

④系统运行与维护阶段审计

系统运行与维护审计属于事中或事后审计。

具体审计方法如下：

第一，要切身观察相关人员的操作工作。要明确相关人员输入的数据是符合标准的，是经过审核的。对于错误的数据要根据流程进行改正，对于系统要及时测试，确定是否有未经授权的人接触甚至修改数据；通过上机记录查明有无异常；检查系统故障是否得到及时处理；审阅管理制度，适当性评估人员工作职责和权限的划分。

第二，实地检查系统运行是否正常；依据管理制度查明是否制定了计算机软、硬件维护制度，制度的制定是否符合内部控制，是否得到了坚决有效的执行；检查系统中的修改内容，确定该修改是否符合制度流程、文档是否齐备。

（4）信息系统应用程序审计

计算机系统执行程序的高度可靠性促使审计人员应更多地注意应用程序自身的正确性，注意实际操作运行的程序是否确定为被审计单位主管当局核准使用的程序。事中审计主要是应用程序审计，这是计算机会计信息系统审计的重点和难点。开展信息系统应用程序审计主要有两个目的，一是测试应用系统控制的相应符合性；二是进行实质性测试，以检查程序运算知是否正常、逻辑是否正确。应用程序的测试方法有三种，具体是：

①不处理数据测试法

不处理数据测试法（亦称手工审计应用程序方法），指不对数据进行任何计算机处理，审计工作人员通过手工审计方式对程序流程图、意见书、程序编码、程序运行结果、程序运行记录等证据进行分析、审核、鉴定、评审，最终实现审计目的。具体细分为以下几种：

计算机会计信息系统是否通过评审或鉴定：计算机会计信息系统须通过上级主管部门和科技机构组织的鉴定，鉴定后的系统须通过相关部门进行评审，才可在实际财会部门使用。

程序流程图检查法：程序流程图检查法是审计工作人员检查被审计单位的系统流程图的控制功能、处理措施是否应用于实际审计工作；功能的逻辑正确与否；功能是否能正常使用。

程序编码检查法：程序编码检查法是审计工作人员通过审查每一条被审程序指令，检验被审计单位程序设计的完整性、逻辑性、合法性。程序编码检查法的应用可以帮助审计人员发现以下程序问题：程序设计不符合会计准则、会计制度、财务制度、财务通则的规定；程序设计出现便于被审计单位舞弊的漏洞；程序控制功能失效或效果低；程序控制功能应变能力差、效率低。

程序运行结果检查法：程序运行结果检查法是审计工作人员审查程序运行结果，通过结果推断审计程序的功能是否正确；控制措施是否有效，这种处理方法原理上和手工检查账簿、报表的方法基本相同。

②处理实际数据的程序测试法

处理实际数据的程序测试法是审计工作人员使用被审计单位的审计程序处理实际数据，检查验证系统有效性的测试方法。该方法的优势是方便，审计人员可以使用已经生成的数据，而且只要处理已有实际数据得出结果，就可以检验程序是否有效。具体方法包括：

控制处理法。控制处理法是审计工作人员监管程序处理实际会计任务的过程，通过对过程的监察，检查程序的控制功能是否有效。该方法具有很多优势，具体为：审计技术要求简单，不需要审计工作人员具有高水平的专业技能；检查结论可靠，如果采取突击检查，那么就能保证程序的检查结果就是实际程序的工作结果，进而保证结论的正确性。该方法也有一些缺点，具体为：数据选择有限，一个数据不能满足全面检查程序的需求；可能影响被审计单位的正常工作，该审计方法需要审计工作人员对被审计工作单位的数据监督、控制、分析，数据的处理过程会对被审计单位的正常工作产生影响，影响效率。

控制再处理法。控制再处理法是审计工作人员处理监督被审计单位数据时，选择在被审计单位的休息时间将实际数据再处理，并将再处理的结果与已有实际结果对比，确定程序是否正确，是否出现非法改动，控制功能是否有效。该方法有很多优势，具体为：数据已知，有实际的现成数据，不需要进行数据的再处理；时间选择方便，自由选择时间可以既保证被审计单位的工作效率不受影响，还可以保证审计工作的正常进行。

嵌入审计程序法。嵌入审计程序法也叫联机审计控制法，指的是审计工作人员在被审计单位的应用系统研发阶段嵌入审计程序，达到收集审计工作需要证据的目的。除此之外，嵌入的审计程序还会建立一个文件夹存储收集的审计信息，审计人员定期处理收集的审计信息，检查程序控制的有效性。该方法的优势有：证据真实，对数据的收集与数据的产生是实时的，获取到的数据是系统真实的产生数据；随时监督检测，嵌入的审计程序与被审计单位的系统程序同时运行，测试可以随时开始。

标记追踪法。标记追踪法是审计工作人员在检测数据时，安插具有标记的审计程序段，然后将审计程序段放入被审计系统，将系统处理后的数据与未处理的数据进行前后对比，找出差异。标记追踪法可以标记记录数据的处理过程。该方法的优势是：通过标记追踪，可以显示出被标记的程序段在系统中执行了怎样的指令，按照何种顺序执行，以及执行指令是否合理合法；该方法的缺点是：对审计工作人员的专业技能具有较高要求，此外，对数据前后变化的分析比较耗费时间和人力，使用频率不高。

③处理虚拟数据的程序测试法

处理虚拟数据的程序测试法是审计工作人员提前测试处理数据，通过处理结果来检验被审计单位的程序的有效性。该测试法的优势是：使用较少数据就可以测试大部分程序的有效性。此外，还可以对具体的控制措施实行针对性测试。该测试法具体分为两种方式：

测试数据法。测试数据法是审计工作人员根据具体测试要求，设计出相应的模拟数据，并使用被审计单位的程序处理模拟数据。对比被审计单位的程序测试结果和模拟数据应该出现的结果是否有偏差，来校验被审计单位的程序的有效性。该测试方法既可以测试系统的个别程序，也可以测试全部程序，甚至可以测试具体的一个或几个控制装置。该方法的优势是：即使线索间断，也能检测被审计单位的程序有效性；能够处理数量巨大的系统程序；审计人员不需具备高水平的专业知识；应用范围大。

模拟单位法。模拟单位法是审计工作人员建立具体的应用实体，应用到被审计单位的计算机会计信息系统里，通过信息系统程序处理虚拟实体数据和实际业务数据，对比两个数据的处理结果，检测系统数据的功能是否有效。该测试法的优势是：时间自由。既能保证被审计单位正常工作，又能保证在工作的同时，检测处理数据；使用广泛。能够测试所有内部控制，特别适合企业内部设立内部核算部门和联机批处理网络系统的企业；保证真实性。该法测试的程序可以保证被审计单位的实际使用程序；由于该法区分开了虚拟数据和实际数据，因此不会破坏被审计单位的数据。

## （三）大数据环境下内部审计的应用

随着信息化时代的到来，企业管理日益模式化，企业风险越来越多且复杂。审计发展如果想赶上时代的步伐，就必须从传统的手工模式的审计方式中走出来，拒绝故步自封，跟上时代和企业的发展步伐，创造创新工作方式、环境、方法。如果故步自封，驻足以往的审计发展模式，会导致审计工作处于组织内部的边缘地带。长此以往，审计行业将会面临生存危机。

虽然审计工作已然开始发展，紧追时代步伐，但是大多数的审计工作依然停驻于检查阶段。具体体现为对各个事项进行事后检查和监督。比如，对企业单位内的会计工作、信用贷款、授权执行等检查监督，此外，还负责对分支机构的控制情况的评审工作。相比之下，风险评估基本没有对企业单位的未来发展规划负责，审计功能严重缺失，尤其没有发挥风险预警的功能。

企业经营管理中包含各种各样的业务，就会产生各种各样的信息，形成一个海量的信息数据源，具体包括数据、客户信息等。企业在处理这些数据时，将这些数据加工后统一输入数据库，并进行集中管理，然后通过系统分类用于企业各个部门的系统提取相关的有用信息，被管理者使用。从目前的审计工作方式来看，虽然应用科技可以建立审计数据接口，但是审计数据接口所取得的数据是被处理过的"二次数据"，并不是最原始、最真实的数据。在二次数据层面开始展开抽样检查等工作是一种事后检查工作，只能纠正对错、检查和纠错规则是否合规，不可能根据数据指标作出公司或企业的未来规划，也不可能提出有价值的审计建议，所以审计如果想真的发挥作用，必须改善目前审计工作的"事后性"。

### 1. 大数据背景下内部审计应用立足点

目前，审计部门在开展审计工作时，获取数据的方式，都是从具体检查事项的业务系统中直接获取数据，不能保证获取数据信息的正确性、有效性、完整性；除此之外，信息的获取，还要看具体业务的负责人是否配合、是否愿意提供数据。无论是从主观性还是客观性来看，数据的获取渠道都不利于审计工作，所以审计工作必须寻找一个容易获取数据的立足点。

建立大数据方式，可以帮助审计工作获取审计检查所需要的全部数据。大数据的建立，全方位地进行数据监控和预测，从整体把握审计工作可能存在的风险，良好地开展实际工作。除此之外，审计工作人员可以掌握总体样本数据，所以也不用再担心某一数据节点的缺失，对整体分析不对的影响，也不用再只靠少量的数据样本开展审计工作。由此可见，大数据的引入，更新了内部审计的工作模式，帮助审计工作更精准地评估风险，将风险降到最低，提高整体审计工作效率。

审计数据不能只靠接口模式，接口模式的突破还需要企业改变内部管理机制、改观审计观念。具体可以从以下几点入手：首先，企业董事会和高层管理人员应该全力支持审计数据获取模式的创新、搭建、共享，并允许审计管理平台直接嵌入企业生产系统、数据系统；其次，内部审计的数据接口必须串联企业业务的全部流程，全面覆盖系统节点；再次，从审计理念方面提升审计机制的相应权限、管理方式以及考评机制、反馈机制等；最后，组建审计工作团队，招聘具有高水平专业知识的审计工作人员，企业后续也应对工作人员进行定期长期培训，提升、奖励等，完善审计人才管理机制。

2. 大数据背景下内部审计的持续审计

持续审计是将审计活动整合到银行运行模式、流程中的实时和适时审计，目的是降低审计过程的风险、提升审计的质量，可以持续针对系统、流程、交易和相关控制来收集审计证据，是非现场审计的一种有效模式。

（1）持续审计的特征

持续审计是信息化环境下审计发展的必然趋势，一些银行已经在某些领域开始运用持续审计这一审计技术。例如分支机构审计、风险指标监测、大额同质贷款组合审计、信用卡审计等。持续审计具有如下特征：

第一，适时性。适时性也就是及时性，审计活动与事项同时或稍后发生。

第二，连续性。审计工作融入被审计单位的经营活动中。例如，只要企业在持续经营，那么审计工作就会伴随着业务活动循环往复下去，全面跟踪被审计单位的经济活动过程。

第三，过程审计。特征是转移审计执行的时间，由事后向事中和事前转移；转移审计目标，实现传统财务报表向业务活动过程的目标转变。由此，最终实现审计由结果向过程的转变。

第四，依赖于 IT 环境。在当今的网络时代下，审计工作已经由传统手工向网络审计的方向转变。所以，不管是被审计单位还是审计机构，都应该依托于网络环境制订审计计划、发布报告、获取证据。

（2）持续审计的意义

第一，可以获得更高的效率。按照异常来实施审计；审计计划和测试被自动化；可对已知控制缺陷进行持续审计；提升了数据收集的效率；更好地掌握风险的动态变化；降低了差旅费成本。

第二，可以更早获知信息。提高了向管理层报告的速度；问题不会累积；更好地应用系统功能；有效识别误用与滥用；在问题刚出现时，能够及早识别；对错误、违规、舞弊等分析其根本原因。

第三，提升控制水平。从根本原因上对错误进行纠正；加强了内部审计在经营业务中的可见性，增强其监察作用；针对控制有效性和与业务流程相关的风险，协助提供有价值的观点。

第四，降低复杂度。通过标准化来降低复杂度，简化审阅流程；重要性水平的设置保持一致性；自动生成的异常报告一定要关注真正的问题；可对监管合规情况加以审计等。

# 参考文献

[1] 韦鹏程，施成湘，蔡银英．大数据时代 Hadoop 技术及应用分析 [M]．成都：电子科技大学出版社，2019：01.

[2] 孙宝厚．国家审计业务专题研究 [M]．北京：中国时代经济出版社，2019：08.

[3] 陈伟．大数据审计理论、方法与应用 [M]．北京：科学出版社，2019：07.

[4] 王开一．行政事业单位大数据审计方法 [M]．北京：中国时代经济出版社，2019：06.

[5] 王秋菲．大数据审计风险识别与控制 [M]．沈阳：沈阳出版社，2019：11.

[6] 董东，王艳君，陈玉哲．审计分析 [M]．北京：清华大学出版社，2019：07.

[7] 陈伟．计算机审计 [M]．北京：中国人民大学出版社，2019：11.

[8] 林楠，刘莹，王叶．大数据与云计算研究 [M]．哈尔滨：东北林业大学出版社，2019：12.

[9] 杨书怀．现代审计学 [M]．上海：复旦大学出版社，2020：09.

[10] 陈兰．大数据时代审计管理理论与实践 [M]．北京：中华工商联合出版社，2020：01.

[11] 肖芬．大数据背景下审计风险控制研究 [M]．太原：山西经济出版社，2020：05.

[12] 唐德菊，夏志娜，李颖．大数据财务管理与审计信息化研究 [M]．长春，吉林出版集团股份有限公司，2020.

[13] 王雷，谢妞妞．大数据可视化技术 [M]．西安：西北工业大学出版社，2020：05.

[14] 蒋文兵．大数据思维与应用研究 [M]．西安：西北工业大学出版社，2020：09.

[15] 牛艳芳．财政大数据环境下的审计全覆盖组织与实施问题研究 [M]．北京：经济科学出版社，2020：04.

[16] 何利，程光．大数据审计学实训教程 [M]．成都：电子科技大学出版社，2021：12.

[17] 李华丽．大数据背景下内部审计创新研究 [M]．北京：中国纺织出版社，2021：03.

[18] 程淮中，王浩．财务大数据分析 [M]．上海：立信会计出版社，2021：12.

[19] 徐礼礼，谢富生，胡煜中．基于大数据的内部控制 [M]．上海：立信会计出版社，2021：07.

[20] 高云进，董牧，施欣美．大数据时代下财务管理研究 [M]．长春：吉林人民出版社，2021：11．

[21] 汪海涛．电力企业大数据·分析挖掘应用 [M]．广州：中山大学出版社，2021：05．

[22] 温柏坚，高伟，彭泽武．大数据运营与管理·数据中心数字化转型之路 [M]．北京：机械工业出版社，2021：07．

[23] 王鲁平．新时代地方政府审计理论与实务创新专项研究 [M]．西安：西安交通大学出版社，2021：01．

[24] 张莉．计算机数据审计大数据环境下的审计实务与案例分析 [M]．北京：清华大学出版社，2021：06．

[25] 黄良杰，肖瑞利．审计学 [M]．成都：西南财经大学出版社，2021：01．

[26] 许本锋．大数据与管理会计 [M]．北京：经济日报出版社，2022：05．

[27] 贺三宝，杨书怀．舞弊审计与法律 [M]．上海：复旦大学出版社，2022：09．

[28] 刘勇，徐琦，张丹凤．审计学 [M]．沈阳：东北财经大学出版社，2022：12．

[29] 邵必林，边根庆，贺秦禄，等．大数据混合存储布局及其完整性审计方法研究 [M]．西安：西安电子科技大学出版社，2022：07．

[30] 杨则文．大数据与会计专业群教学标准 [M]．北京：中国财政经济出版社，2022：06．

[31] 陈伟．审计信息化·第 2 版 [M]．北京：高等教育出版社，2022：01．

[32] 葛笑天．财政审计方法体系 [M]．南京：江苏人民出版社，2022：11．

[33] 方丽．现代审计及其在大数据时代的发展研究 [M]．西安：西北工业大学出版社，2023：03．

[34] 窦巧梅．大数据背景下的财务分析与管理研究 [M]．北京：中国商务出版社，2023：01．

[35] 周冬华，陈强兵．大数据审计分析 [M]．北京：高等教育出版社，2023：09．

[36] 邱明明，杨智慧．高职大数据与会计专业立体化课程改革系列教材·审计 [M]．上海：立信会计出版社，2023：09．

[37] 王擎．大数据环境下面向宏观经济风险的审计监测预警研究 [M]．北京：科学出版社，2023：05．

[38] 蒋红兰，陈真子．"十四五"普通高等教育精品系列教材·大数据审计技术与应用 [M]．成都：西南财经大学出版社，2023：11．